当代城市景观与环境设计丛书 · 22

道路铺装景观设计

陈丙秋　张肖宁　主编

中国建筑工业出版社

图书在版编目(CIP)数据

道路铺装景观设计／陈丙秋，张肖宁主编.—北京：中国建筑工业出版社，2005
（当代城市景观与环境设计丛书·22）
ISBN 7-112-07131-3

Ⅰ.道... Ⅱ.①陈...②张... Ⅲ.路面铺装-景观-设计 Ⅳ.U416.041

中国版本图书馆 CIP 数据核字(2005)第 008195 号

责任编辑：杨 军
责任校对：刘 梅 刘玉英

当代城市景观与环境设计丛书·22
道路铺装景观设计
陈丙秋 张肖宁 主编
*
中国建筑工业出版社出版、发行(北京西郊百万庄)
新华书店经销
北京广厦京港图文有限公司制作
北京中科印刷有限公司印刷
*
开本：889×1194毫米 1/20 印张：6
2005年6月第一版 2005年6月第一次印刷
定价：48.00元
ISBN7-112-07131-3
TU·6361（13085）

本社网址：http://www.china-abp.com.cn
网上书店：http://www.china-building.com.cn

前言

随着可持续发展和人本主义理论在城市建设中的应用，景观艺术已经成为城市建设与发展的重要因素，传统的城市道路设计与铺装技术已经不能满足现代城市建设的要求。于是，人们开始运用种类繁多的铺装材料和各种各样的施工工艺让路面美起来，铺装丰富的色彩、各具特色的质感、形式多样的构形，所表现出的韵律、动感，以及一些带有象征意义的细部设计等赋予路面生命力与个性，它们本身构成了一种景观，我们称之为铺装景观。

铺装景观不但满足路面最基本的使用功能，而且还可以通过特殊的色彩、质感和构形加强路面的可辨识性，划分不同性质的交通区间，对交通进行诱导和各种揭示，有效地限制车速，加强人车之间的拦阻，给人以方向感和方位感等，从而进一步提高城市道路交通的安全性能。

铺装景观在道路环境景观中占有极其重要的地位和作用，它是改善道路空间环境最直接、最有效的手段。铺装景观强烈的视觉效果让人们产生独特的激情感受，满足人们对美感的深层次心理需求，它可以营造温馨宜人的气氛，使街路空间更具人情味与情趣，吸引人们驻足，进行各种公共活动，使道路空间成为人们喜爱的城市高质量生活空间。

随着交通基础设施的逐步完善，“安全”和“环境”将成为未来道路建设的两大主题。汽车的发展推动人类社会的进步，同时交通事故频繁发生，也使道路充当起人类生命“杀手”的不光彩角色，分析交通事故的原因，90%以上都是由于人的疏忽和失误引起的；而环境是人们活动的背景，其作为一种非语言的符号，对人的心理有着潜移默化的影响，继而对人的行为产生导向作用。由此可见，安全与环境问题都与人的心理和行为特点有着直接的关系。我们进行铺装景观研究的目的，就是希望使其能够具备实用和艺术美的双重属性。既要求有效地促进城市道路交通安全，其本身作为一种景观，又要求更加突出的精神性与艺术美。

因此，本书将从交通心理和环境心理出发，对铺装景观的设计要素：色彩、质感、构形、尺度、高差以及边界的性格特点、视觉规律以及对人的心理作用等进行系统研究，以便设计者合理运用各种设计要素进行精心设计，更好地实现铺装景观的各项功能，尤其是恰到好处地体现其精神性与艺术美，满足人们对空间环境美的深层次要求。

根据我国铺装景观技术现状和实际工程需要，本书将结合大量国内外铺装景观工程实例，论述广场、商业街、居住区道路、风景园林区道路、岸线道路、人行道、车行道等场所的铺装性质与特点，说明在不同空间环境中如何对各铺装要素进行选择，有效实现铺装景观的交通功能和环境艺术功能，为景观铺装工程设计提供一定的理论指导。

能够对提高相关技术人员的理论水平和设计水平有所帮助，促进我国铺装景观事业的发展，使我们生活的城市更加美丽和人性化，作者将欣慰之至。

目录

绪　论

一、城市的景观性交通系统

城市道路景观直接形成城市的风貌，道路空间的性格不仅为市民生活与交往提供高质量的空间，同时也成为城市居民审美观赏和生活体验的日常性视觉审美客体，乃至成为城市文化不可分割的组成部分。城市道路景观构成不单指道路本身的景物景观，它还包含着更大范围的外延与扩展。

在当前的城市化进程中，我国正以举世瞩目的速度进行大规模城市基础设施建设。城市道路是城市基础设施的重要组成部分，但在城市道路规划与建设中交通功能至上的倾向掩盖了城市道路在环境中重要的景观功能，加强景观功能对于交通规划与道路建设的制约与限定，强调景观性交通系统的规划与建设，将对城市建设理论与实践产生极其重要的影响。

二、城市道路景观的构成模式与要素

道路空间包容了道路线形的方向性、连续性及道路断面形式、路面材料色彩等基本内容，而道路边界则指一个空间得以界定并区别于另一空间的视觉形态要素，也可以理解为两个空间之间的形态联结。道路两侧的边界可以是水面（如河川、海岸线等）、山体、建筑、广场、公园、植物或以上若干要素的组合体。道路节点指道路的交叉口、交通路线上的变化点、空间特征的视觉焦点（如公园、广场、雕塑等），它构成了道路的特征性标志，同时也往往形成区域的分界点。总而言之，道路的景观区域是两向度概念，由道路及两侧景观边界共同构成，具有空间场所的全部特征。在一条道路上，可以形成特征不同的若干景观边界性区域。如近景区域、中景区域、远景区域。这种特征可以由地形、建筑、路面特征、边界要素特征等形成并主要表现在色彩、质感、规模、建筑物风格、植物、边界轮廓线的连续性等具体方面。城市道路景观的构成要素主要包括：

路网　将城市的土地划分为若干个街区、商业区、工业区、住宅区等，作为艺术纽带，又将不同功能区的景观元素有机地联系在一起，把整个城市的景观综合反映出来，从而构成城市的整体美。透过道路网，我们可以看到城市的轮廓、城市的自然环境和城市的全貌。城市道路网是展现城市景观的窗口，合理规划设计城市道路网是创造优美街路环境的基础。

线形　是实现道路交通功能的重要因素。同时，不同的线形给人以不同的感受。一般来说，直线给人整齐、简洁的感受，但在视觉上单调、呆板；曲线具有动感，表现韵律，使人得以看清街路两侧景观，留下较深印象。良好的线形设计对于优美的道路环境景观形成至关重要。线路走向与自然环境、沿街建筑、绿化带、照明设施等有机融合时，路线的曲折起伏可以使两侧的自然景观、建筑物、绿化、照明设施等进退有序、错落有致，自然美与人工美相互衬托，可以获得较好的艺术效果，形成视角多变、丰富多彩的动态道路景观系统。

横断面　对道路环境景观的影响主要表现为尺度均衡，道路宽度与建筑高度的关系对街景环境气氛具有重要影响，由于交通组织需要所采用横断面分隔方式对道路景观空间完整性也会产生影响。而横断面上的各要素沿街路中心线平行延伸，可以强调道路线形特征，这种特征是形成良好的道路环境景观所不可少的，它令用路者对道路环境景观产生强烈的印象。

建筑 位于道路两侧，是城市道路空间最重要的围合元素。建筑的性质、形式、体量、轮廓线，以及外表材料和色彩，直接影响道路空间的形象和气质。例如，一些传统的具有地方特色的道路，它的美学价值很大程度取决于其富有地方特色和民族文化的建筑群，而林立在现代城市快速路、高架路两侧的高层建筑则反映了城市新的生活方式，突出了现代城市道路空间环境的时代特性。

绿化 作为道路环境中的重要视觉因素，给人以柔和安静的感觉。树木、灌木、草地、花卉以不同的形状、色彩和姿态点缀着城市道路空间，大大丰富街景层次，增添自然生机，形成绚丽多彩的道路景观。运用具有浓郁地方特色的树种进行绿化，还可以突出不同地区道路空间的独特风光。此外，道路绿化还可以起到净化空气、降低噪声、调节气候的作用，在道路交通方面，还具有限定空间、组织交通、诱导视线等功能。

铺装 指城市道路路面、人行道和广场铺地等。铺装的色彩、质感、构形等都是道路景观中引人注目的特征。铺装丰富的色彩、各具特色的质感、形式多样的构形，所表现出的韵律、动感，以及一些带有象征意义的细部设计等赋予路面生命力与个性，它们本身构成了一种景观，可称之为铺装景观。铺装景观在道路环境景观中占有极其重要的地位和作用，它是改善道路空间环境最直接、最有效的手段。

照明 对于现代道路交通是必不可少的，良好的照明不但可以为夜间行驶车辆、行人提供或补充道路信息，增强安全性与舒适性，而且又是道路景观的重要组成部分。白天，别具一格的灯具造型可以增添道路空间的艺术氛围和个性魅力；夜晚，丰富的光源颜色又营造了灯火辉煌、五光十色的现代都市道路夜景，大大美化了城市夜间景观。因此，目前我国一些城市已将光亮工程列为城市景观工程中的重要内容。

交通设施 主要有交通标志、交通信号、交通岗亭、交通指挥台、道路标线，以及行人安全设施、车辆安全设施等。这些设施对于组织交通，确保车辆、行人安全以及提高道路通行能力都有十分重要的意义。由于这些设施多在道路横断面范围以内，对道路视觉环境有着直接影响，因此将美学观念引入其设计中，对丰富和美化道路环境景观有很大的作用。

街头小品 体量小巧，造型别致，对道路景观可以起到点缀、陪衬、换景、修景、补强、填白等作用，使道路空间环境更富有生活气息，更舒适、优美，有意境、特性，增添道路空间的亲切性、趣味性、可读性与可识别性，加强道路空间给人的视觉印象，使其成为更加吸引人的生活空间。

活动景物 道路上川流不息的车流反映了时代的脉搏与气息，体现了城市的活力与效率，而以各种目的，如上班、上学、购物、交往、休闲、娱乐、健身、观赏等出行的人们，则给道路空间带来了勃勃生机，使道路充满生活情趣。因此车和人作为一种动态要素，也是构成城市道路环境景观的重要组成部分。

三、景观性交通系统规划策略

城市道路在城市中具有重要的地位和作用，是构成城市的基本框架，联系着城市各功能区之间的往来，与城市的生活密不可分。道路是城市交通运输的基础，市民的日常出行都要依靠城市交通来解决。道路是布置城市基础设施的场所，电力电信线网、燃气供暖管道、给水排水管道等都铺设在城市道路下，以保障城市生活的正常运转。同时道路也是城市生活的重要场所，是市民进行集会、休闲、交往、健身等活动的主要空间。

道路是展现城市外部空间景观最集中、最重要的载体，道路景观是城市外部空间景观的重要组成部分。任何一座有特色的城市都会有各自独特的道路景观，这些道路景观具有鲜明的文化特色与民族传统，反映着城市的发展过程，记载着城市的历史，蕴含着城市的文化，是城市历史和文化的延续。

道路作为城市交通运输的动脉和展示城市外部空间景观的舞台，直接反映了城市的发展水平和城市文明的程度。良好的道路景观环境是一个城市政治、经济、文化和技术的集中表现，可以增强市民的自豪感和凝聚力，激发市民的生活热情，增添都市活力，促进城市物质文明和精神文明的良性发展。

随着城市经济的飞速发展，人口大量向城市集中，城市交通需求迅速增加，交通工具数量激增，道路交通对城市环境的破坏与冲击日益严重。而随着社会的进步、物质生活的丰富，人们生活水平的提高，人们对精神生活、对城市环境的要求日益增强。市民希望拥有优美的道路环境，以满足其交往、休闲、娱乐、健身等深层次要求的呼声日益高涨。因此，作为城市景观的重要组成部分，城市道路环境景观问题开始引起越来越多人的重视。

21 世纪，我国城市建设将有更大发展，旧城改造、新城兴建摆在了城市领导者、建筑师、规划师以及所有市政管理单位面前。在新世纪，我们应该应用美学的理念去构思、去创造、去建设好我们的生存空间。将城市道路环境景观问题提到较高层面是势在必行的，景观性交通系统规划将从根本上改善我国目前城市道路设施不完善、环境质量差、步行空间不足、忽略民族传统、破坏自然生态以及缺乏个性的局面，对形成新世纪“天人合一”的山水城市、花园城市、生态城市的发展建设有着重要的战略意义。

四、景观性交通系统规划原则

(1) 以人为本的原则

人本主义是中世纪欧洲文艺复兴时期的主

要美学思想，主张思想自由和人性解放，强调以人为本，突出人性化原则。人本主义将人类意识、人类能动性、人类知觉及人类创造性放在中心和主动的地位。今天，人本主义思想已经成为社会发展趋势，“以人为本”的城市化理念成为城市化进程中的重要指导原则。《雅典宪章》宣言：“对于从事城市设计的工作者，人的需要和以人为出发点的价值衡量是一切建设工作成功的关键。”交通规划的重点同样要遵循以人为本的原则，以人的需要作为规划的出发点和终极目标。

在我国当代城市建设中，提供交往空间，开辟花园草地，让江河湖泊变清，空气变净，都是人本主义精神的体现。同样，耗费巨资建设道路，让道路畅通，交通无阻，市民出行便利快捷，也是“以人为本”的理念在城市规划设计中的体现。但是，适应汽车交通的现代道路规划与建设分割城市整体、破坏视觉环境、阻断人的交往、造成噪声与空气污染。

景观性交通系统规划就是在便利交通的同时创造优美环境，营造宜人的城市空间。城市空间的服务对象是人，必须研究人的环境使用模式及环境变化对这一模式的影响，了解多数人的行为和心理以及他们对空间的反应与评价。人的行为习惯、性格爱好对景观规划具有重要的指导作用，在城市景观性交通系统规划中要充分考虑人的不同要求，反映不同的观念，为广大市民提供最佳服务。

(2) 尊重、继承和保护历史的原则

城市是人类社会物质发展的产物，也是一种历史与文化，每个时代都在城市的发展历史上留下了自己的痕迹和烙印。城市中的历史街区、传统建筑群给人留下深刻印象，为城市形成独特个性奠定了基础。具有历史意义的场所凝聚着城市的悠久历史和灿烂文化，蕴藏着独具一格的传统风貌和民族地方特色，焕发着强烈的震撼力和感召力，引起人们巨大的共鸣，从而产生对于城市特定文化的认同感，唤起无尽的回忆和联想。

经历过现代建筑运动洗礼的欧美国家在今天的城市建设中是十分重视尊重、继承和保护历史的。并在城市道路规划与建设中竭力保护历史文化遗迹，继承城市的历史文脉。我国有着绵延数千年的悠久历史，文化博大精深，源远流长，在人类进步和发展历程中具有极其重要的影响。随着我国城市道路建设速度加快，保护数千年文化积淀的必要性被忽略，传统建筑与街区惨遭破坏，高架路、立交桥叠三架四，现代交通工具无情入侵，传统风貌荡然无存。外国人在赞叹我国城市沧桑巨变的同时，也在感叹历史文化的消失，遗憾无缘再见东方古城神韵。

景观性交通系统规划应该植根于深厚蕴含的历史文化，尊重、继承和保护历史是交通规划必须遵循的重要原则。尤其是历史文化名城和城市中历史街区的景观性交通规划必须认真加以推敲和控制，以保存整体风格的和谐。照抄和翻版传统不能获得满足现代交通功能的道路景观环境，规划者应该认真研究城市发展的历史，掌握城市的历史演变、文化传统、居民心理、行为特征以及价值取向等特点，并在规划中融入现代功能，使人们在尽享传统文化的同时感受到现代都市生活的便利，这才是我们想要的可以在未来成为历史文化遗产的城市道路景观。

(3) 可持续发展的原则

1980年3月，联合国向全世界发出“必须研究自然的、社会的、生态的、经济的以及利用自然资源过程中的基本关系，确保全球的可持续发展”的呼吁。1987年，WECD在《我们共同的未来》报告中将可持续发展定义为：“既能满足当代人的需要，又不对后代人满足其自身需要的能力构成危害的发展”。1992年6月，联合国环境与发展大会通过了《里约环境与发展宣言》和《21世纪议程》，明确提出促进环境保护与经济社会发展的总体策略——可持续发展战略，标志着人类自觉而全面的对待环境与发展问题的时代真正到来。

尽管人们对可持续发展的理解角度不同，对达到可持续发展的途径看法不同，但可持续发展战略的核心就是让经济发展与保护资源、保护生态环境协调一致，使我们的子孙后代能够享有充分的资源和良好的自然环境。可持续发展战略是我国现代化建设的重大战略，而城市景观性交通系统规划与经济、社会、资源、生态环境等都是密不可分的，因此以可持续发展作为景观性交通规划原则是其实施的生命法则。

(4) 满足视觉特性的原则

现代街路景观的审美主体是行进过程中的人，街路环境美学是一种动态的视觉艺术。动既是它的特点，也是它的魅力所在。

城市交通中常见的交通方式主要有三种：步行、非机动车交通、机动车交通。交通方式不同，人们对街路景观的视觉感受也不同。需要从运动的角度分析研究人的视觉特性，并在景观性交通规划中充分考虑到视觉特性影响，满足人们不同的审美要求。

步行交通是城市交通重要组成部分，近距离的步行交通可占城市居民出行量的30%～40%。步行者的平均步幅为0.6～0.7m，平均速度为3.0～4.5km/h。在自发性和大部分社会性步行活动中，人们总是一边慢步前行一边注视欣赏沿途景观，当遇到感兴趣的地方就会驻足观赏。在必要性步行活动中，人们希望尽快到达目的地，总是以较快的速度前行，但也会不时地观赏路上的景观，只是没有那么细心罢了。

自行车交通将是现阶段和今后相当长一个时期内我国城市居民，特别是中小城市居民的主要交通方式。自行车的平均车速为10～15km/h。骑自行车的人注意力相对集中于交通目标，目光注意道路前方10～30m的地方，由于行进速度慢，视角较宽，仍然可以尽情浏览沿途风光。

机动车交通以较高速度运行，驾驶人员和乘客与道路环境中的物体做相对运动，可从快速移动的车辆窗口看城市街景，并且在移动的过程中得到迅速形成的街景印象。当车速较低时，人们可以看清远处景观，随着车速增加，人们能够清晰辨认物体的距离缩短，辨认物体的能力也随之降低。

在景观性交通系统规划中，我们要根据道路空间性质选择一种主要路用者的视觉特性作为规划依据。广场、步行街、一些生活性道路主要以步行交通为主，规划应该满足步行者的视觉要求；在有大量自行车的路段，规划要注意骑车人的视觉特点；对于交通干道、快速路主要通行机动交通，要充分考虑车速对驾驶人员和乘客视觉的影响，以此作为规定建筑物、绿化、铺装、交通设施以及街头小品尺度、色彩等的依据，形成具有强烈吸引力的当代风格的道路景观。

(5) 个性原则

早在20世纪70年代末期，就有人提出了“城市要发展，特色不能丢”的论点，但城市建设工业化、标准化、机械化的功利趋向日益严重。求“新”毁灭了旧的、所谓“落后”的传统；求“快”使得大量雷同建筑拔地而起；求“大”改变了城市的空间布局、山水形态和自然环境。地方文化、历史传统似乎可有可无，千年发展史中形成的城市个性特色逐渐淡化、减弱直至湮灭。

由于道路环境景观艺术无人注目，城市道路建设中“模仿抄袭风”盛行，“文化一条街”、“食品一条街”，“仿古建筑一条街”各地安家。近几年仿欧式建筑风潮席卷各大城市，“千街一面”现象普遍存在。就连街路设施，如地面铺装、照明灯具、隔离栏、垃圾桶等在形式、色彩、材料等方面也过于雷同，缺乏可识别性和归属感。道路环境更加缺乏个性，目前除极少数城市外，我国大多数城市道路景观似曾相识，没有独特风貌。

个性的沦丧反映了对历史文化、民族传统、地方习俗的无知和漠视，这是一种不幸。21世纪城市的发展与竞争绝不仅是经济和科技的竞争，更重要的是环境和文化的竞争。独具个性的城市特色更能吸引投资，发展旅游，加快发展。在生活方式日趋多元化的今天，人们迫切要求提高自己所居住环境的艺术质量，并逐渐对其文化特色及其反映的精神功能提出更高的要求，努力寻求更加丰富的艺术美与独具的特色魅力。研究探讨城市发展的优势条件和城市个性特色，已成为我国城市规划建设和城市发展中亟待解决的问题。因此，在景观性交通系统规划中必须引入个性原则，创造极富个性魅力的城市道路空间环境，更好地反映城市特有的历史文化传统和风采神态。

五、结语

景观性交通系统规划也许在相当长的一段时间内还难以得到重视与应用，但景观性交通系统规划思想反映了时代的进步与现代城市建设的要求，希望有更多的研究者和规划、建设、管理领域的技术人员共同关注这一课题，促进我国城市交通规划与建设事业健康发展。

要素篇

色彩

在城市环境设计领域中，色彩是最易创造气氛和情感的活跃因素，良好的色彩处理会给人们带来无限的欢快与愉悦。在阿拉伯国家总是喜欢将建筑的顶端涂成蓝色或绿色，可以说这是色彩理论应用的成功范例，蓝色和绿色代表生命之色，象征着海洋和森林，它满足了沙漠地区的人们对海洋和森林的渴望，填补了他们生活中的空白。

在铺装景观设计中，色彩毫无疑问是最重要的设计要素。合理利用色彩对人的心理效应，如色彩的感觉、色彩的表情、色彩的联想与象征等，我们可以设计出别具一格的铺装景观装扮素来以灰暗示人的地面，让它充满生机和情趣，与蓝天白云、青山绿水、靓丽楼宇、多彩花园一起营造优美的城市空间，让人们的生活更多精彩。

色彩的感觉

色彩给人的感觉有大小感、进退感、轻重感、冷暖感、软硬感、兴奋沉静感和华丽朴素感等。

一般来讲，色的明度高者，视之似大；明度低者，视之似小。

红、橙、黄暖色系的色是前进色，有向前凸出感；蓝绿冷色系的色是后退色，有凹进感。另外，明度高者，视之似进；明度低者，视之似退。在交通标志和信号灯的设计上，常常要利用这种效应来提高交通标志和信号系统的辨识力。

生活中，我们凭借视觉经验，认为白色的棉花是轻的，而黑色的煤、铁是重的，这样就形成了对色彩轻重之感的认识，这种感觉实际上是物体色与视觉经验所形成的重量感作用于人的心理结果，一般来说，明度高者感轻，明度低者感重。

红色系统使人感暖，蓝色系统使人感冷。无彩色中，白色使人感冷，黑色使人感暖。所以，人们夏天总是喜欢穿白色、浅色衣服；冬天穿深黑色衣服，这不仅是热工问题，也是心理效应。

色彩的软、硬感与色彩的明度、纯度相关。明度高，纯度低的色彩使人感到柔软，明度低，纯度高的色彩使人感到坚硬。

兴奋、沉静也可称为积极与消极。由于红、橙、黄纯色能给人以兴奋感，故称为兴奋色；而蓝、绿色给人以沉静感，故称为沉静色。

对于华丽朴素感，从纯度方面讲，纯度高的色彩给人的感觉华丽，纯度低的色彩给人的感觉朴素；从色相方面讲，暖色给人的感觉华丽，冷色给人的感觉朴素；从明度方面讲，明度高的色彩给人的感觉华丽，而明度低的色彩给人的感觉朴素。

色彩的表情、联想与象征

每一种色都有自己的表情，会对人产生不同的心理作用，联想和象征是色彩心理效应中最为显著的特点，我们可以利用这一特点来实现铺装景观的功能。

红色象征着幸福吉祥，能引起人的兴奋，同时红色又给人留下恐怖心理，象征着流血和危险。

橙色能使血液循环加快，而且有温度上升的感觉，橙色是色彩中最活泼，最富有光辉的色彩，是暖色系中最温暖的色，它常和太阳相联系。

黄色是最明亮的色彩，是使人愉快的色，幸福的色，给人明快、泼辣、希望、光明的感觉。

绿色是我们视觉中最能适应刺激的一种色，绿色显得平静，使人的精神不易疲劳，如果你的眼睛感到刺激难受时，可以在绿色中去求得恢复。

黄绿色具有一种冷色的端庄的色彩，平静而又凉爽，显出一种青春的力量，生机勃勃，蒸蒸日上，使人联想到春、竹、嫩草等，对市民环境心理上有一种宁静和园林感的影响。

蓝色与红、橙、黄一类积极性的色彩形成鲜明对比，它是消极的、收缩的、内在的色彩。蓝色让人感到雅致而冷静，与红、橙暖色在一起，又为此类色彩提供了深远的空间效果。深蓝色如同天空、海洋，有着遥远而神秘的感觉。

白色具有光明的性格，又能将其他色引为明亮，白色的性格内在，让人感到快乐、纯洁，而毫不外露。

黑色在视觉上是一种消极的色彩，黑色给人稳定、深沉、严肃、坚实的感觉。

我们认为大面积的白、黑色路面单调乏味，因此进行景观铺装，使道路彩化，更具吸引力。但这并不意味着铺装景观的色彩设计排除白色与黑色。

灰色是白与黑的混合色，由于灰色明度适中，因此它属于能使人的视觉得到平衡的色。

此外，色彩之间的搭配也是非常重要的，不同的色彩搭配会产生不同的效果。例如，黄白搭配欢快、明亮，红黑搭配稳重、深沉，蓝绿搭配雅致、宁静等。

兴奋色铺装能够营造喧闹、热烈的气氛

沉静色铺装给人优雅、娴静之感

浅色调铺装轻松活泼

深色调铺装庄严肃穆

寒冷地区铺装可多用红色系，以给人温暖感

炎热地区铺装多用蓝色系，以给人清爽感

运动场地的铺装要选用纯度低的色彩，以给人柔软、舒适、安全的感觉

饱和的红色铺装有一种力量、热情和冲动之感

橙色的地面铺装可使人们在寒冷的冬季感到一丝暖意

黄色的地面铺装最能吸引人们的视线

城市中绿色和黄绿色的地面铺装会带给人一种自然的清新感，营造出意想不到的另一种绿化效果

白色、黑色与其他色彩合理搭配会产生极富魅力的设计效果

质 感

所谓质感，是由于感触到素材的结构而有的材质感，它是景观中的另一活跃因素。铺装材料的表面质感具有强烈的心理诱发作用，不同的质感可以营造不同的气氛，给人以不同的感受。

而如何让路用者无论是远景视还是近景视都能获得良好的质感美效果也是设计中必须要关注的问题。要充分了解从什么距离如何可以看清材料，才能选择适于各个不同距离的材料，这在提高外部空间质量上是有利的。对于广场和人行道上的人们，可以很清楚地看到铺装材料的材质，我们称之为材料的第一质感；而对于车上的乘客，由于所处距离较远，以至于看不清铺装材料的纹理，为了吸引这些人的注意，满足他们的视觉要求，就要对铺装砌缝以及铺装构图进行精心设计，这些就形成了材料的第二质感。

由于人们用眼感知不同材料时会产生不同的视觉质感，从而获得不同的视觉美感；而通过触觉感知不同材料的表面时会产生不同的触觉质感，从而获得不同的心理感受，所以在铺装景观设计中，巧妙、灵活地利用质感可以给空间带来丰富的内涵和感染力，同时会对人们产生心理暗示，继而指导人们的行为。可以说，质感是实现铺装景观功能必不可少的要素之一，其设计是铺装景观设计中极其重要的一环。

质地细密光滑的材料给人以优美雅致、富丽堂皇之感，但同时也常有冷漠傲然的感觉

质感粗糙、无光泽的材料给人以粗犷豪放、朴实亲切之感，但同时也常有草率野蛮的感觉

表面质感较柔软的材料给人感觉轻

表面光泽、质地细密坚硬的材料给人感觉重

第一质感

第二质感

构 形

在铺装景观设计中对构形的研究是不容忽视的，构形设计要体现形式美原则，即：统一、对比、比例、韵律、节奏、动感等。

构形的基本要素

点 点在构形中一般被认为是只具有位置而没有大小的视觉单位，它既没有长度，也没有宽度。

点以不同的方式存在或组合能引起人们不同的心理反应。从点的作用看，点是力的中心。当画面中只有一个点时，人们的视线就很容易集中到这个点上。因此，点在画面的空间中，具有张力作用，在人们心理上，有一种扩张感。当空间中有两个同等大小的点，各自占有其位置时，其张力作用就表现在连接此两点的视线上，在心理上产生吸引和连接的效果。空间中的三个点在三个方向上平均散开时，其张力作用就表现为一个三角形。如果画面中的两个点为不同大小时，观察者的注意力首先会集中在优势的一方，然后再向劣势方向转移。点的不同形态和组合，能够形成多种视觉心理的功能作用。序列的点可以使人感知到线，缩小了的物状能够产生不同的形态点，点的大小序列产生不同方向、远近连续的点，点的等距排列形成安定、均衡的点，还有富有韵律的点，形成节奏的点，充满动感的自由的点，向外扩张与向内积聚的点等。

线 在几何学定义里，线只具有单位、长度而不具有宽度和厚度，它是点进行移动的轨迹，并且是一切面与面的边缘的交界。线的种类可分为直线和曲线，一般来讲，直线具有静的心理特征，而曲线则表示动感。线在刻画形象和设计中发挥着重要作用。

线比点更具有较强的感情性格。直线的性格挺直、单纯，是男性的象征。表现出了简单、明了、直率的特点，具有一种力量上的美感。其中：粗直线坚强、有力、厚重和粗壮，而细直线却显得轻松、秀气和敏锐。折线具有节奏、动感、活泼、焦虑、不安等心理。从线的方向来说，不同方向的线，会反映出不同的感情性格，可以根据不同的需要加以灵活运用。水平线能够显示出永久、和平、安全、静止的感觉。垂直线具有庄严、崇敬、庄重、高尚、权威等感情心理的特点。斜线是直线的一种形态，它介于垂直线和水平线之间，相对这两种直线而言，斜线有一种不安全，缺乏重心平衡的感觉，但它有飞跃、向上冲刺或前进的感觉。曲线与直线相比，则会产生丰满、优雅、柔软、欢快、律动、和谐等审美上的特点，它是女性美的象征。曲线又可以分为自由曲线和几何曲线。自由曲线是富有变化的一种形式，它主要表现于自然的伸展，并且圆润而有弹性，它追求自然的节奏、韵律性，较几何曲线更富有人情味。几何曲线，由于它的比例性、精确性、规整性和单纯中的和谐性，使其形态更有符合现代感的审美意味，在设计中加以组织，常会取得比较好的效果。

面 几何学中的含义是：线移动的轨迹，或者是点密集所形成的面。

外轮廓线决定面的外形，可分为几何直线形、几何曲线形、自由曲线形、偶然形。

几何直线形具有简洁、明了、安定、信赖、井然有序之感，如四边形、三角形等。几何曲线形，它比直线更具柔性、理性、秩序感，具有明了、自由、易理解、高贵之感。自由曲线形，它是不具有几何秩序曲线形，因此它较几何曲线形更加自由、富有个性，它是女性的代表，在心里上可产生优雅、柔软之感。偶然形一般是设计者采用特殊技法所产生的面，和前几种相比较更自然、更加生动，富有人情味。不同曲线形的面组合形成的铺装将极具现代感，使人感到空间的流动与跳跃。但这需要设计者必须具有高度的创意设计能力，否则就会出现影响视觉进而扰乱步行节奏等问题，很不容易成功。

人行道的铺装构形中，采用序列的点给人以方向感

形状各异的石块拼砌形成蜿蜒小路，在人工环境中营造出一份自然气息

卵石拼成的圆点点缀在园路上，打破了路面的单调感，充满趣味性

园林的铺装处理中，采用大小不一的点排列形成小径，充满动感与情趣

直线构形表现出简单、明了、直率的特点，具有一种力量上的美感

折线构形动感、活泼，具有节奏感

曲线构形追求自然的节奏、韵律性，符合现代感的审美意味

几何直线形的面具有简洁、明了、安定、信赖、井然有序之感

几何曲线形的面更具柔性、理性、自由、生动、高贵之感

曲面构形铺装极具现代感，使人感到空间的流动与跳跃

构形的基本形式

重复形式 构形中的同一要素连续、反复有规律的排列谓之重复，它的特征就是形象的连接。重复构形能产生形象的秩序化、整齐化，画面统一，富有节奏美感。同时，由于重复的构形使形象反复出现，具有加强对此形象的记忆作用。

重复构形的一个基本条件是必须有重复的基本形、重复的骨骼。重复的基本形就是构成图形的基本单位。重复骨骼就是构形的骨骼空间划分的形状、大小相等。重复的骨骼为给基本形在方向和位置方面的交换提供了有利条件，从而可以进行多方面的变化。基本形的绝对重复排列即同一基本形按一定的方向连续的并置排列，这是重复构形的最基本表现形式。基本形的正、负交替排列即同一基本形在左、右和上、下位置上，正、负交替变化。基本形的方向、位置变换排列即同一基本形在方向上进行横竖或上下变换位置。重复基本形的单元反复排列即将基本形在方向上，按照一定的秩序形成一个单元反复排列。

渐变形式 渐变是基本形或骨骼逐渐地、有规律顺序变动，它能给人以富有节奏、韵律的自然性美感，呈现出一种阶段性的调和秩序。一切构形要素都可以取得渐变的效果。如基本形的大小渐变、方向渐变、色彩渐变、形状渐变等，通过这些渐变产生美的韵味。

大小渐变是基本形以起始点至终点，按前大后小的空间透视原理编排的渐次由大到小或由小到大的变化，这种变化可以形成空间深远之感。对基本形进行排列方向的渐变，可以加强画面的变化和动态感。在构形中，为了增强人们的欣赏情趣，可以采用一种形象逐渐过渡到另一种形象的手法，这种手法称为形状渐变。只要消除双方的个性，取其共性，造成一个中立的过渡区，取其渐变过程便可得到形状渐变。

发射形式 发射是特殊的重复和渐变，其基本形或骨骼线环绕一个共同的中心构成发射状的图形。特点是，由中心向外扩张，由外向中心收缩，所以其具有一种渐变的形式，视觉效果强烈、令人注目，具有强烈的指向作用，具有一定的节奏、韵律等美感。

所有的发射骨骼均由中心和方向构成。发射形式有离心式发射、向心式发射、同心式发射、移心式发射、多心式发射。所谓离心式发射是一种发射点在中心部位，其发射线向外发射的构形形式，它是发射骨骼中应用较多的一种主要形式。在离心式发射构形中，由于发射骨骼线不同，又可分直线发射和曲线发射等不同形式。直线发射使人感到强而有力，曲线发射使人感到柔和而变化多样。所谓向心式发射是与离心式发射相反方向的发射骨骼，其中心点在外部，从周围向中心发射。同心式发射的发射点是从一点开始逐渐扩展的，同心圆或类似方形的渐变扩展所形成的重复形。移心式发射的发射点可以根据图形的需要，按照一定的动态秩序渐次移动位置，形成有规律的变化，这种发射构形能够表现出较强的空间感。多心式发射构形即以数个点进行发射构成，其中有的发射线相互衔接，组成了单纯性的发射构形。这种构形效果具有明显的起伏状，层次感也很强。

发射构形，除了以上的基本形外，还可以多种形式结合应用，采用多种不同的手法交错表现，以此来丰富作品的表现力。发射构成的图形具有很强的视觉效果，形式感强，富有吸引力，令人注目，因此在铺装景观设计中，尤其是广场的铺装设计中常会采用这种形式的构图。

整体形式 在铺装景观设计中，尤其是广场的铺装设计，有时还会把整个广场作为一个整体来进行整体性图案设计。在广场中，将铺装设计成一个大的整体图案，将取得较佳的艺术效果，并易于统一广场的各要素和广场空间感的求得，烘托广场的主题，充分体现其个性特点，成为城市中的一处亮丽景观，给人们留下深刻印象。

形状、大小相同的三角形反复出现的图案具有极强的指向作用

形状、大小相同的四边形反复出现的图案会因有条理而给人安定感

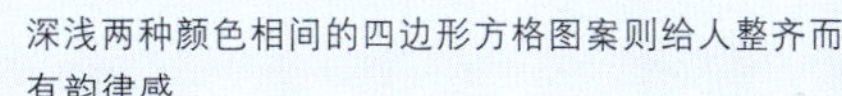

深浅两种颜色相间的四边形方格图案则给人整齐而有韵律感

形状渐变

色彩渐变

同心发射

移心发射

离心发射

整体构形

构形的基本设计手法

轴线　轴线是我国传统设计思想中最重要的设计手法，是构成对称的要素，从气势恢宏的故宫，到江南幽雅恬静的农家小院，对称的景观随处可见。轴线贯穿于两点之间，围绕着轴线布置的空间和形式可以是规则的，也可以是不规则的。有时候轴线是可见的，给人以明显的方向性和序列感；有时候轴线又是不可见的，它强烈地存在于人们的感觉中，使人能够领会和把握空间，增加了空间的可读性。运用轴线合理组织与安排铺装空间及景观构图，可以给人强烈的空间感染力，达到景观环境设计的井然有序和完整统一。

重心 重心一般泛指人对形态所产生的心理量感上的均衡。重心的位置和形态，通常决定了景观环境的主题。重心可以是平面的中心，也可以偏离中心设置，它通常是人们视线的焦点和心理支撑点。重心在铺装构形设计中同轴线一样得到广泛应用，尤其是小面积的地面铺装多采用重心的构图设计手法来强调空间环境的主题，加深人们对景观环境的印象。

构形的个性化设计

运用隐喻、象征的手法来表现某种文化传统和乡土气息，引发人们视觉的、心理上的联想和回忆，使其产生认同感和亲切感，这是铺装构形设计中创造个性特色常用的手法。

济南泉城广场象征着涌泉流水的72名泉地面铺装构图独具匠心，强化了广场“山、泉、湖、城、河”泉城特色的主题

西安钟鼓楼广场地面设计注重把握历史文脉，绿地和铺装构图采用了方格网的形式，隐喻城市的棋盘路网格局，简洁大方，立意高巧

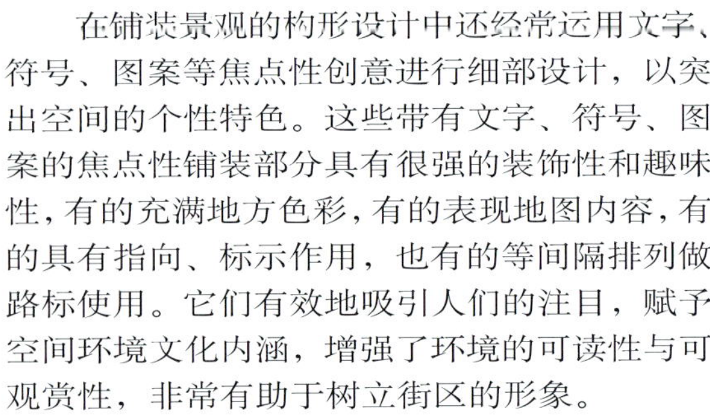

在铺装景观的构形设计中还经常运用文字、符号、图案等焦点性创意进行细部设计，以突出空间的个性特色。这些带有文字、符号、图案的焦点性铺装部分具有很强的装饰性和趣味性，有的充满地方色彩，有的表现地图内容，有的具有指向、标示作用，也有的等间隔排列做路标使用。它们有效地吸引人们的注目，赋予空间环境文化内涵，增强了环境的可读性与可观赏性，非常有助于树立街区的形象。

吉祥物"森林爷爷"和"森林小子"突出了2005日本爱知世博会的主题"自然的睿智"

渊源已久的象棋古残局引人深思

别具一格的井盖设计增强环境的可读性与可观赏性

具有民族特色的细部图案设计

形态各异的海洋生物图案充满趣味性

尺 度

尺度的处理是否得当，是城市景观铺装设计成败的关键因素之一。尺度对人的感情、行为等都有巨大的影响。所谓尺度，是空间或物体的大小与人体大小的相对关系，是设计中的一种度量方法。城市设计所提及的尺度可狭义的定义在人类可感知的范围内的尺度上。一般把这一尺度分为三类：一是人体尺度，是以人为度量单位并注重人的心理反应的尺度，是评价空间的基本标准；二是小尺度，很容易度量和体会，是可容少数人或团体活动的空间，如小公园、小绿地等，给人的体会通常是亲切、舒适、安全等；三是大尺度，是一种纪念性尺度，其尺度远远超出人对它的判断，如纪念性广场、大草坪等，给人的体会通常是雄伟、庄严、高贵等。

在城市发展过程中，空间尺度的变化往往反映了人对城市空间拥有权的变化。在西方，中世纪时期的城市是由不规则的街道和广场体系，密集而自由的建筑组成的。街道系统是应步行和手推车等小型运载工具的要求而产生的，街道宽度和样式不时变化，街景丰富多样；广场其实就是街道空间的放大，多位于市政厅、教堂或其他公共建筑的前面，是城市的核心。整个城市空间，也就是美丽的街道和广场，均以人的尺度为基础，形成一个组织良好的有机系统，极大地支持着丰富的公共生活。

随着科技进步推动社会的不断发展变化，城市为了承担新的职能，开放的空间秩序成为发展的一种必然趋势。当然，早期城市最珍贵的品质——人对城市空间的拥有权也随之减弱了。到了20世纪，城市空间已经变成了汽车的天地，不再是人的领域。为了通行逐年增长的交通量，街道空间的尺度越来越大，广场成了停车场，城市中无忧无虑的公共生活不见了，人们都被赶回各自的家里。如果说中世纪的城市空间讲述的是老百姓的故事，那么现代城市空间讲述的则是汽车的故事了。

然而，正因为城市是由于人的聚居而形成的，所以关心人、为人服务才是城市的最基本任务。这也是“人本主义”成为当今城市规划建设理念的重要原因。恢复人对城市空间的拥有权，再现生机勃勃、丰富多彩的城市公共生活是目前世界各国城市发展建设中的一项重要内容。

因此，我们要充分认识到铺装尺度对城市空间的影响。对于一项具体的铺装景观设计工程，由于使用功能不同，设计思想不同，周围环境风格各异，其尺度的选择也各不相同。娱乐休闲广场、商业广场、儿童广场、园林、商业步行街、生活性街道等的铺装设计应该严格遵循“以人为本”的设计原则，采用人体尺度或小尺度，给人以亲切感、舒适感，吸引更多的人驻足，进行观赏、娱乐、休憩、交往、购物等活动。

当然，“以人为本”的原则并不是否定了大尺度，现代化城市中大尺度和小尺度应该是并存的，这样才符合社会发展的需要。原因在于：第一，现代生活离不开现代化交通工具，城市中需要大尺度的道路空间，只要合理规划出车行空间和人行空间，人和车就可以和平共处，而车说到底还是为人服务的，因此存在大尺度的道路空间并不意味着人对城市空间拥有权的丧失，当然前提是必须保障足够的城市公共生活空间；第二，现代城市仍然存在一些政治色彩比较浓的场所，如市政广场、纪念广场等，采用大尺度的设计可以突出其庄严肃穆、宏伟壮观；第三，现代城市摩天大楼林立，在这些地点采用大尺度的处理手法，可以加强城市空间的开敞性，不会使人产生压迫感，同时突出时代特色。而且城市中的空间尺度，大的更大，小的更小，大小并置，产生鲜明的对比，可以形成独特的魅力空间，更能吸引人们的注意。

此外，铺装尺度的选择还应考虑视觉特性的影响。如果要使快速运动的人看清物体和人，就必须将它们的形象大大夸张。在高速公路两侧，标志和告示牌都必须巨大而醒目才能看清。同样道理，在交通干道、快速路主要通行机动交通，铺装设计要充分考虑到行车速度的影响，以乘客的视觉特点为主，设计中采用大尺度会获得更好的效果，这也更加体现了“以人为本”的设计原则。

人体尺度的城市空间

小尺度的城市空间

AMP
AXA AUSTRALIA
AMP

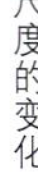

尺度的变化

上升与下沉

在铺装景观设计中还要注意对地面高差的处理。因为，人们对所处的地位极为敏感，对不同的标高有不同的反应。任何场所都有一个隐形的基准线，人可以位于这个基准线的表面，也可以高于或低于该基准线。高于这个基准线会产生一种权威与优越感，低于此线则会产生一种亲切与保护感。在铺装设计中，有效利用地面高差会获得非常好的效果。地面上升和下沉都能起到限定空间的作用，可以从实际上和心理上摆脱外界干扰，给其中活动的人们以安全感和归属感。

采用上升与下沉的手法从流动空间中分隔出一处休息空间，可使人获得强烈的地段感

丰富的空间层次使空间布局更加活泼，更能吸引人们的注意和逗留

尽管上升和下沉都能起到限定空间的作用，但是给人的感觉却是不同的。一般来说，高处平面使人产生兴奋、高大、超然、开阔、眩晕等感觉。

低处平面则使人产生温暖、安全、围合、幽闭、和谐等感觉

上升意味着向上进入某个未知场所，下沉则意味着向下进入某个已知场所。根据人的这种心理效应，我们可以在铺装设计中合理选择是上升还是下沉，以便更好地实现铺装的功能，满足人们对空间环境的不同要求。

边 界

边界是指一个空间得以界定、区别于另一空间的视觉形态要素，也可以理解为两个空间之间的形态联结要素。边界的走向与形态由周围环境决定，因为环境千变万化，所以边界形式也是多姿多彩的。边界处理同样是铺装景观设计中不容忽视的问题，构思巧妙的边界形式可为整个铺装增添情趣与魅力特色。

根据所强调的内容不同，总的来说边界可分为两类：确定性边界和模糊性边界。

确定性边界是领域划分的有效手段，常利用缘石、隔离桩以及构形、色彩、质感的变化对人进行心理暗示，强化边界效果

模糊性边界可以实现一个环境空间到另一环境空间的自然过渡，空间转换温和顺畅。当铺装与绿化结合时，采用模糊性边界还可弱化人工环境与自然环境的冲突，使人们漫步其间，最大限度地接触草坪，接触绿色，感受自然。

在铺装景观设计中，灵活地进行边界处理是非常必要的，它往往会为整个铺装带来意想不到的效果

利用色彩和材质的变化进行边界处理，对行人产生心理暗示，强化边界效果

圆木桩排列形成的边界充满自然情趣，加强视线诱导

形态各异的天然卵石随意放置形成边界，亲切、自然，具有趣味性

运用篇

广场的铺装

城市广场，自从2000多年前在古希腊诞生时起，历来就是人们出行、休憩、交往、集会、观赏、娱乐等活动的重要场所，更是增强、点缀与美化城市公共空间环境的重要景观。星罗棋布的城市广场使城市与街道的布置错落有致，生动无比，在很大程度上体现了一个城市的风貌，是展现城市生活模式与社会文化内涵的舞台。今天，随着改革开放的深入和经济的腾飞，人们的生活方式发生了巨大变化，人们对交往的需求，对参与各种社会生活的要求也越来越高。在这种情况下，广场以其独具特色魅力的空间吸引着广大市民群众。市民把广场视为不仅是消遣、休息之地，也是获取信息、进行交往，甚至是接触社会和学习的一种场所，并以此来实现精神和心理的满足。最近几年，我国的许多城市兴起了建设城市广场的热潮，从城市的领导到普通的市民对此表现出前所未有的巨大热情。这股“广场热”已成为我国经济飞速发展和人民精神生活水平不断提高的明证，也是我国当代社会生活和城市建设中的一种新的文化现象。

城市广场是城市精华所在，被誉为城市的客厅。我们从整体上看，整个城市就好比一幢大的居住建筑,那么街道就是这个建筑的通道,建筑物的室内空间可以相当于各个私密性较强的卧室或书房，能够称得上客厅的就是城市广场了。正如在室内装潢设计中，地面装潢是设计的重点，在城市的空间环境设计中，城市的客厅——广场的地面铺装设计也是非常重要的。纵观我国整个城市广场建设，虽然在满足市民社会活动需要、提高城市环境质量方面取得了一些成效，但由于在城市文化的认知上、价值观念的定位上、环境的规划与设计上、经济基础和管理制度上存在诸多不足，导致城市空间环境建设的滞后。以往广场的地面处理中，经常采用大片光滑、平坦的灰色水泥混凝土路面，或大面积的绿地。前者使人感到枯燥无味，后者往往让休闲的人们在“爱护绿地”的牌子前望而止步，人们还缺乏自由和谐、亲切自然的交往空间。现在，在创建体现城市风貌的广场空间过程中，铺装与绿化相结合的地面景观设计手法越来越受到设计师的青睐，得到广大市民的欢迎。

广场地面精心设计的目的在于强化广场空间的特色魅力，突出广场的性格。因此，广场地面铺装形式、各设计要素的确定应该以广场的功能性质为前提。城市广场的性质取决于它在城市中的位置与环境、相关主体建筑与主体标志物以及其功能等的性质。广场按其主要性质一般可以分为以下几类：

1)集会广场：政治广场、市政广场、宗教广场等

2)纪念广场：纪念广场、陵园、陵墓广场等

3)交通广场：站前广场、交通广场等

4)商业广场：集市广场等

5)文化娱乐休闲广场：音乐广场、街心广场等

6)儿童游戏广场

7)建筑广场

集会广场的铺装

集会广场包括政治广场、市政广场和宗教广场等类型。集会广场是一般用于政治、文化集会、庆典、游行、检阅、礼仪、传统民间节日活动的广场。集会广场一般位于城市中心地区，这类性质的广场，也是政治集会、政府重大活动的公共场所，广场娱乐性建筑和设施不多，如天安门广场、上海人民广场等。集会广场中还包括宗教广场，它一般布置教堂、寺庙及祠堂前举行宗教庆典、集会、游行。宗教广场上设有供宗教礼仪、祭祀、布道用的坪台、台阶或敞廊。

集会广场是反映城市面貌的重要部位，因而在广场设计时，都要与周围的建筑布局协调，无论平面、立面、透视感觉、空间组织、色彩和形体对比等，都应起到相互烘托、相互辉映的作用，反映出中央广场非常壮丽的景观。

由于集会广场的主要目的是供群体活动，所以应以硬地铺装为主，可适当点缀绿化和小品。广场的铺装设计应体现庄重、大方、气派的特点。一般采用明度低、纯度高的色系，简单的大尺度构形。为了加强稳重端庄的整体效果，集会广场的建筑群一般呈对称布局，标志性建筑亦位于轴线上。因此，整个广场的铺装构形亦多采用轴线的设计手法，对轴线的强调使空间具有方向性，形成序列空间，使人容易领会和把握空间，增加了空间的可读性。在材料选择上一般采用质感粗糙，无光泽的材料，以给人朴实、庄严肃穆之感。材料要有足够的抗压强度，良好的稳定性和抗滑能力，应该平整、耐磨、耐久，以满足庆典、游行、检阅等集会活动的要求。可采用石料板材、水泥混凝土板块铺装，但后者的环境艺术功能较差，需对其表面进行装饰处理。为了保证集会广场场地的平坦，在广场的横断面设计中应尽量减少坡度，所以当采用整体性铺装材料时，选择透水式沥青路面会获得非常好的效果，既解决了表面排水的问题，同时又具有良好的吸收噪声和导热功能。

纪念广场的铺装

为了缅怀历史事件和历史人物，常在城市中修建主要用于纪念某些人物或某一事件的广场，包括纪念广场、陵园广场、陵墓广场等。广场中心或侧面以纪念雕塑、纪念碑、纪念物或纪念性建筑作为标志物，主体标志物位于构图中心。

纪念广场具有深刻严肃的文化内涵，对于此类广场的铺装，应该根据纪念主体和整个场地的大小来确定其大小尺度、构形设计，材料的质感和色彩的选择应确保创造出与主题相一致的环境气氛。

纪念广场铺装多采用象征、隐喻的手法加强整个广场的纪念效果，以产生更大社会效益。

在湛江时代广场的地面铺装设计中，为充分体现港口是湛江与海外沟通的要道，上部广场的地台采用100mm×100mm的广场砖分色拼贴成世界地图，图内用金属钢字标注由湛江港口通往世界著名十大港口的里程，象征着湛江因良港而走向世界的文化内涵，体现了强烈的时代气息

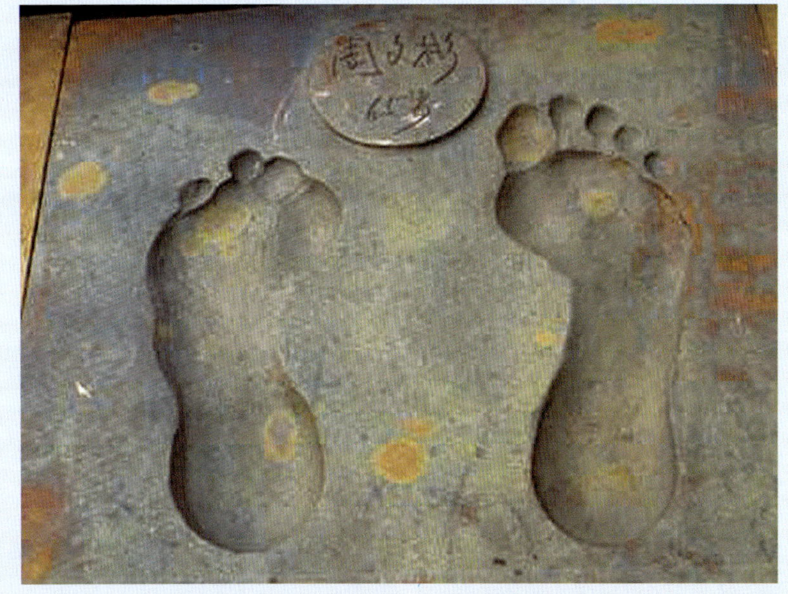

南京大屠杀纪念馆祭奠广场上铺筑了一条长40m、宽1.6m的铜板路，每块铜板都是40cm见方，厚6～8mm。每块铜板上都印有一双南京大屠杀幸存者和重要证人的脚印，以及他们亲笔写下的姓名和年龄。这条能保存400年的印着222双或深或浅、或大或小的脚印的铜板路，径直通向"30万死难同胞"纪念墙中央，让参观者的心灵受到强烈震撼，让世人永远铭记中国历史上那令人心痛的一刻，有效深化了广场的主题

交通广场的铺装

交通广场是城市交通系统的有机组成部分，是交通的连接枢纽，起交通、集散、联系、过渡及停车作用，并有合理的交通组织。交通广场有两类，一类是城市多交通会合转换处的广场，如站前广场；另一类是城市多条干道交会处形成的交通广场。

站前广场是城市道路系统和交通系统的重要节点，完成市内客运交通与城市对外客运交通的转换。铁路客运站、水运客运站、长途汽车站和航空港等市级客运交通枢纽均需设置站前广场。站前广场作为城市交通枢纽的重要设施之一，它不仅具有交通组织和管理的功能，也具有修饰街景的作用。它是进出一个城市的门户，位置重要，因此对其进行景观铺装设计，可使广场空间与周围建筑有效呼应、配合，能丰富城市的景观风貌，给过往旅客留下深刻、鲜明的印象。更重要的是，可充分利用铺装景观的交通功能解决复杂的交通问题，发挥交通广场的首要功能，即合理组织交通，包括人流、车流、货流等，确保广场上的车辆和行人互不干扰，满足畅通无阻、联系方便的要求。

站前广场是城市交通中最繁忙的节点，交通转换频繁，为了便于快速集散，广场都是大尺度的开放空间。为了确保安全，要尽量避免高差变化。由于广场交通种类繁多，且各种交通的交通量都很大，为了减少不同流向的人、车混杂，或车流交叉过多，相互干扰，使交通阻塞,可采用不同的地面铺装分隔车流和人流，疏导交通。人流空间和车流空间之间可以通过高差、隔离墩、绿化带等手法加强边界界定，增强安全感。人流集散空间多采用石料板材、水泥混凝土预制砌块等材料铺装，可利用不同的材料、铺装形式划分出进站人流和出站人流通道。也可以利用材料变化，配合绿化，采用下沉的设计手法，分隔出尺度宜人的休息空间。对于车流集散空间，铺装材料必须具有足够的强度、刚度和良好的稳定性、抗滑性，多采用经过表面工艺处理的水泥混凝土板块类材料。应该分别划分出进口、出口、客运、货运车流通道。也就是说，站前广场的铺装设计应该形成合理的路径，诱导、疏散交通。在色彩设计上除考虑与周围环境协调外，一般采用冷色调，色彩不应过杂，以一种或两种为主较好，以避免给人们带来烦躁不安的心情。而铺装构图应采用大尺度的简单设计，以突出广场空间的开敞性。

另一类城市干道交会形成的交通广场，也就是常说的环岛，一般以圆形为主，由于它往往位于城市的主要轴线上，所以其景观对形成整个城市的风貌影响甚大。因此，除了配以适当的绿化外，还应对其进行铺装。铺装构形多采用发射形式，考虑行车速度的影响，为满足视觉特性，构形应简单，色彩应鲜明，吸引人们注意。可采用石料板材或地面砖等材料。有时，环岛中央还设有重要的标志性建筑、雕塑或大型喷泉，有效地美化了城市街道环境。

商业广场的铺装

商业广场是城市广场中最常见的一种。它是城市生活的重要中心之一，用于集市贸易和购物。商业广场中以步行环境为主，内外建筑空间相互渗透，商业活动区相对集中。商业广场大都位于城市的商业区。商业区一般位于城市核心或区域核心，它的布局形态、空间特性、环境质量以及所反映的文化特征都是人们评价一座城市最重要的参照物，而商业广场则是商业中心精华所在，人们可以在此观察到最有特色的城市生活模式。

商业广场一般位于整个商业区主要流线的主要节点上，如开端、发展、高潮、结尾。广场中设置绿化、雕塑、喷泉、座椅等城市小品和娱乐设施，使人们乐在其中。而地面铺装景观设计则让整个广场更具吸引力，不但形成专用的步行空间，美化空间环境，给人以安全感和舒适感，而且能够使空间具有一定的导向性，引导人流向某些设施前进，并使人在空间中能随时确定自己的方位以及自己与目标设施的距离，满足人们心理上对场所感的追求，让人们充分享受“城市客厅”的魅力。

商业广场的铺装风格应与周围环境协调统一，尺度应符合人体尺度，材料质感应光滑细密，突出其精致、高雅、华贵，且尺度感较小，但同时要注意防滑问题。一般采用砌块类材料，并利用砌缝解决防滑问题。铺装色彩应多样化，以浅色、明快色和暖色为主，以突出广场繁荣热烈的商业气氛。因此色彩鲜明亮丽的表面涂敷路面也是一种比较好的选择。商业广场铺装图案应该多样化一些，同时要注意远景视和近景视效果，给人以更大的美感。如可运用直线形成方格式构图，有效改变空间尺寸，运用曲线避免构图上的单调，使空间更丰富，具有活力。但是，追求过多的图案变化也是不可取的，会使人眼花缭乱而产生视觉疲倦，降低了注意与兴趣。这是因为人的审美快感来自于对某种介于乏味和杂乱之间的图案的欣赏，单调的图案难以吸引人们的注意力，过于复杂的图案则会使我们的视觉系统负荷过重而停止对其进行观赏。所以在构图设计中应充分考虑这一点，恰到好处地营造充满生机的城市商业空间环境。

达芙妮
DAPHNE
运动时尚专卖

文化娱乐休闲广场的铺装

任何的传统和现代广场均有文化娱乐和休闲性质，尤其在现代社会中，文化娱乐休闲广场已成为广大民众最喜爱的重要户外活动场所。它可以使民众在工作之余有效地缓解精神压力和疲劳。现代城市中应当有计划地修建大量文化娱乐休闲广场，广场位置可以位于城市中心区，可以位于居住小区内，也可以位于一般的街道旁，以供人们休憩、游玩、演出及举行各种娱乐活动。这种广场是最使人轻松愉快的一种，与集会广场、纪念广场的庄严肃穆有很大不同，人在其中可以“随心所欲”。它不像前几类广场有一个中心，所有要素都为此中心服务。文化娱乐休闲广场可以是无中心的、片断式的，即每一个小空间围绕一个主题，而整体是“无”的。

对于一些大型文化娱乐休闲广场的铺装设计，可以先运用轴线的引导、转折、延伸和轴线的交织等手段建立空间秩序。为突出主景效果，可将中轴线上的地面铺装与其他地面铺装在色彩、构图、材质上加以区别，在中轴线设置一些景观节点，使其景观跌宕起伏，层次多变，增加广场的向心力、凝聚力。然后，可以通过地面高低变化，边界、构形、色彩、材质的变化，配合绿化、水景等手段限定划分空间界限，将广场划分为若干主次分明、大小各异的空间场所，为人们营造一个个温馨的放松、休憩、游玩的小空间。每个小空间可以运用重心、符号等手法创造不同的主题，使空间环境尽量丰富，活动内容尽量复杂，以满足不同年龄、职业、文化层次人群的需要。

一般来讲，儿童喜欢活泼、欢快的气氛；青年人喜欢浪漫、充满遐想的意境；中年人喜欢温馨、高雅的气氛；而老年人则多喜欢宁静、安全的气氛。因此，铺装色彩的选择应为营造这些不同人群所要求的空间环境而服务。铺装构形可以影响人的心理和行为，大型文化娱乐休闲广场的铺装构形应根据不同的功能分区采用形式多样的设计。例如，连续的点、线、长方形图案具有有向性，可以用于进行方向转折的地段，以对人的活动产生指示作用；方形、六边形重复排列的图案不具有明确的方向性，稳定而安宁；而圆形、曲线形形成的发射构形则具有向心性和趣味性，易于引起人们的注意。尽管色彩和构形的选择因空间功能而异，但尺度的选择都要符合人的环境行为规律及人体尺度，这样才能使人乐于其中。而且大多运用质感粗糙的材料，既具备很好的防滑功能，又使人感到朴实亲切、自然随意。这类广场大多采用砌块类材料进行铺装，而表面涂敷路面可以做成各色装饰性图案，也是一个很好的选择。

此外，还可以运用文字、符号、图案等手法增加空间的文化内涵。将铺地、绿化、水景、雕塑、装饰照明、各类小品等有机配合，精心设计，增强环境的可视性、可读性和可观赏性，体现个性魅力。例如采用模糊性边界，让铺地与草地、水面一平，可以充分接触自然、享受自然，突出可持续发展的生态原则。又如铺地上直接喷水，使空间充满动感和活力，体现时代气息。

需要注意的是，为满足不同人群的需要将广场划分为若干空间，但仍要保证广场空间的整体性。因此，为了避免空间零乱，常会采用呼应、对比、统一、重复等设计方法，使整体空间协调统一，且又丰富多彩。

在现代城市中往往还会因地制宜，在居住区内、生活性街道旁修建一些小型的休闲娱乐广场。这种小尺度的休闲广场更加温馨，使人们可以看到和听到他人，在小空间中，细部和整体都能欣赏到，因此对铺装的要求也就更高。广场多反映一个主题，可运用重心的手法强化视觉效果，发射构形可吸引人们注意，无方向感的方格网构形让人轻松随意，而蕴含文化特色的整体构形则不但增添空间整体感，更使空间具有趣味性和可读性。由于空间较小，色彩不应过杂，应体现清新亮丽的自然风格，给人舒适愉快的感觉。材料选择要注意防滑问题，以儿童、青年人活动为主的广场可选择具有动感和自由活泼气质的不规则纹理的材料，而以中老年人活动为主的广场则应该选择可以形成一定秩序性的规则纹理的材料，产生一种稳定感和节奏感，符合中老年人的心理要求。

儿童游戏广场的铺装

儿童游戏广场的产生与发展是随着城市和居住区建设的不断完善，而逐渐形成的一种新型广场设计形式。一些发达国家较早重视和关心儿童游戏广场的建设，在规划、立法等方面都有规定。1924年《日内瓦儿童权利宣言》第七条明确说明："儿童有享有游戏和娱乐充分机会的权利，各种游戏和娱乐必须与教育保持同一目的，社会和主管机关必须为促进儿童对这种权利的享有而努力。"1993年国际建筑师大会通过的《雅典宪章》中要求，在新建住宅区内，应预先留出空地作为建造公园、运动场及儿童游戏场之用。

儿童是国家和民族的未来和希望，儿童人数占市区总人口的30%左右，他们在户外活动率，春秋季每天48%，夏季每天为90%，冬季每天为33%。儿童游戏广场为儿童提供了户外活动场地，使儿童有自己活动的小天地，有利于儿童的身心健康和智力开发，满足儿童活动与互相交往的心理要求，儿童广场的设置和设计是人民群众生活基本需要。

儿童游戏广场的铺装要平坦，不宜有高差变化。色彩设计中一般不采用纯度过低色，这样会给儿童造成心理上的压抑感。应该多采用纯度较高、明度较高的颜色，如浅黄、浅红、浅蓝、浅绿等，使空间充满清新、明快而活泼的视觉效果。可同时使用几种鲜明亮丽的色彩，形成明显的对比效果，构成一个充满丰富想像的空间。平面构形应活泼、富于变化、采用小尺度设计，可多考虑运用点、曲线、曲面设计构图，符合儿童的心理特点。可以运用符号、文字、图案等手段进行细部设计，如利用小砌块拼成文字、图案，或辅以带有动物、植物、卡通人物的彩绘地砖，或运用表面涂敷技术在地面上直接做成各种图案，这都可以有效增强空间的趣味性与可读性，有利于儿童的智力开发与身心健康。此外，应该充分考虑安全性能，选择硬度小、弹性好、抗滑性好的材料，如橡胶砌块、人工草坪等，以避免儿童玩耍时跌倒受伤。

建筑广场的铺装

巨型或超巨型非公共性建筑周围也设置较大的广场，既用以疏导集散出入建筑的人流，又用作陪衬建筑主体的“底板”。其大小依据通行人数多少、建筑空间体量大小和其他空间环境艺术要求确定。这类广场铺面对色彩、质感、纹理、构形要求较高，并应与主体建筑形成和谐统一的艺术环境。作为景观铺装和建筑设计的重要组成部分，我们称这类广场为建筑广场。

駐輪禁止

商业街的铺装

商业街在城市街道中占有一定的比例，在现代城市中占有重要的地位。第一，商业街是社会商品价值实现的重要场所之一，直接影响着社会经济的正常运营，体现着地区和城市商品经济发展的水平；第二，商业街是居民购买力实现的重要场所之一，不仅为本市居民提供生活服务，还要接待大量国内外顾客；第三，商业街是城市居民社会交往的重要场所之一，有助于社会的信息传播和交流，促进社区的稳定和团结；第四，商业街是体现城市文化的重要窗口之一，一方面展示着城市商业文明的独特传统，一方面又表征着城市当代经济生活的面貌和特色。在现代城市中，根据商业街的空间形态，一般可将其分为地上商业街和地下商业街两大类。

地上商业街的铺装

作为市民接触使用最频繁的开放空间，现代中心区中的步行商业街在公共休闲空间中有其得天独厚的优势。步行商业街是以步行交通为主的商业街，它的出现给城市带来了许多新的生机。

步行商业街建设源于欧洲，德国、丹麦、荷兰最早推行“无交通区(Traffic Free Zone)”概念。1922年德国埃森市针对中世纪形成的商业街空间狭小、交通混乱状况，在林贝克大街(Limbecker Street)禁止机动车通行。1930年建为林荫大街后商业获得成功，成为现代步行商业街的雏形。1960年以后，随着私人小汽车爆炸式增长，欧、美各国城市面临日益严重的城市问题：交通混乱、步行者安全受到威胁；空气质量下降，环境受到污染；中心区特色丧失，吸引力下降，逐渐衰退。为了摆脱这种困境，城市规划师及社会学家们从欧洲早期步行商业街的发展得到启示，步行商业街成为复兴城市中心区的良策。

在我国，近年来由于机动车辆日益增多，人的步行空间被挤占得越来越少，人们在人车混杂的商业街上，无法安心购物，精神紧张，没有安全感，更无从谈及舒适。为了改变这种局面，达到振兴商业的目的，步行商业街的建设在我国得到了空前发展。这些新建或改建的步

行商业街多数选在传统的商业街区，对继承城市传统生活方式，保护古建筑，改善城市环境等，都起到了重要作用。步行商业街提供了完善的街道家具与丰富的景观设施，集购物、娱乐和休闲为一体，把生活中必要的购物活动变成愉快的休闲享受，不仅实现物质消费带来的物质满足，而且在公共空间和丰富的街道生活中实现了精神上的满足。

地上商业街根据其不同的交通组织方式可分为完全步行商业街、半步行商业街和公交步行商业街三类。下面我们就来分别研究它们的地面铺装特点。

完全步行商业街的铺装

完全步行商业街是在步行街中人、车完全分离，禁止车辆进入。可分为无拱顶型和有拱顶型。

无拱顶型

无拱顶型完全步行商业街是最受广大市民欢迎的步行空间之一。目前，我国此类商业街往往是选择传统商业街进行改造，成为新的步行街，把原来商业街上的车行交通移到附近的城市道路上，使步行的环境要求同交通方便要求都能得到保证。

从居民的消费特点和活动规律来看，有特色的步行商业街可以吸引居民出行，从而导致消费，提高商业区的优势，带动地区经济发展，激发都市活力。铺装景观设计是步行商业街设计中非常重要的一个方面，采用不同手法进行铺装设计可以有效改善商业街的环境，使其更具人情味和魅力特色。总的来说，无拱顶型步行商业街的铺装要求是：安全、舒适、亲切，具有方位感、方向感、文化感、历史感和特色感。

由于步行商业街中人流密度较大，不易发现地面高差变化，因此铺装要平坦，尽量减少高差变化，不得已有高差变化时，应做明显标志，如铺装色彩、材质的变化。地面铺装材料的选择应考虑雨、雪季防滑问题，采用表面质感粗糙、透水性好、耐污染性强、清扫方便的材料。易于施工、维护的砌块类材料是较好选择。在步行商业街中，铺装尺度要亲切、和谐，使人们感受到自我，可以与空间环境对话，完全地放松和随意。铺装色彩要注意与建筑相协调，由于各家店铺立面设计五花八门，因此可以采用一种有统一感的主色调铺装强化街道景观的连续性和整体性。而细部色彩设计要亮丽、富于变化，以体现商业街生机勃勃的繁华景象。

现代城市的步行商业街与传统的商业街相比较，要求有更多的功能，更丰富的内容。人们除了仍旧依恋于熙熙攘攘的街市之外，还希望有一些供观赏、休息、娱乐的场所和设施以及社交活动的场所。对步行空间的要求也绝非简单的一条狭街走到头的基本格式，而是希望能有适应功能要求的空间变化。因此，现代步行商业街的空间大体可划分为流动空间、集散空间和停留空间。铺装景观设计是分隔空间最简单、最有效的方法，可以带给人方位感与方向感。流动空间是组成步行环境的主要骨架，是铺装设计的主体部分，应产生一种节奏感来引导人流，而最简单的节奏就是不断重复。集散空间是步行街出入口或大型商业服务、娱乐休憩设施附近处为人流进出、交汇服务的空间。在步行街的出入口可以以地面铺装的方式设置地标，暗示商业街的端头位置（开始或结束）。在大型商业服务、娱乐休憩设施附近处采用不同构形、色彩、材质的铺装，以突出其作为重点购物活动或娱乐活动场所的中心地位，吸引人们的注意。停留空间主要是为人流暂短停留休息而提供的空间。可以通过树木围合，地面铺装的变化划分出界限，其中设置座凳和垃圾桶，强化空间的场所感。较大型的停留空间还可以作为进行餐饮、聚会、交谈、信息交流等活动的场所，除了精心设计地面外，还可以布置绿地、水景、雕塑等以休息、观赏为目的的设施和其他服务性公共设施，活跃步行街的环境气氛。

地面铺装是步行商业街景观的一个重要内容，铺装设计应具有可观赏性和可读性，适应人们的审美要求，强化空间环境文化内涵，使人们在观景的过程中，与文化进行交流，与历史进行对话，受到传统文化的熏陶。

此外，步行商业街的地面设计还应该充分体现个性化原则，营造其独有的魅力特色。铺装材质的精心挑选、色彩的精心设计，会使地面与街道整体环境气氛相协调，可以强化街道的个性形象。同时，不同色彩、质感的材料经过设计，按一定的形式拼接、组合，同样可以创造其个性化形象。

南京路步行街

FUJIYA

南京路步行街

FUJIYA

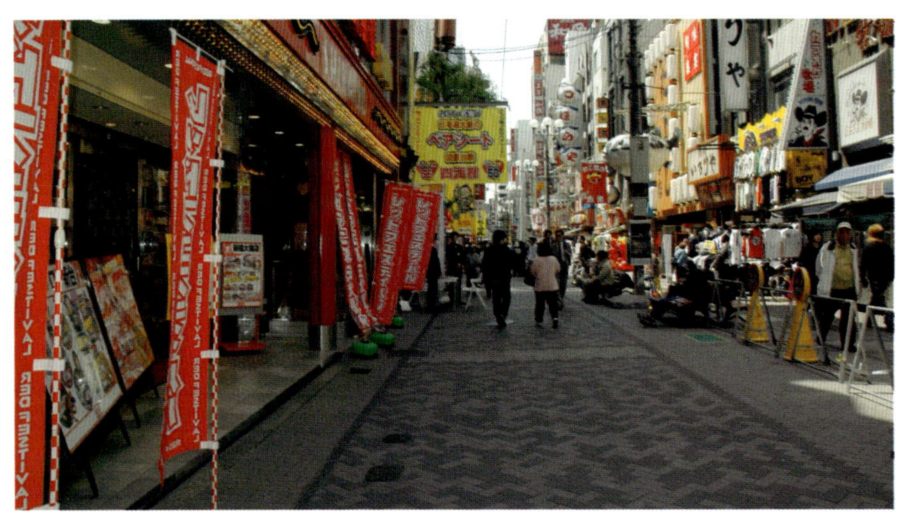

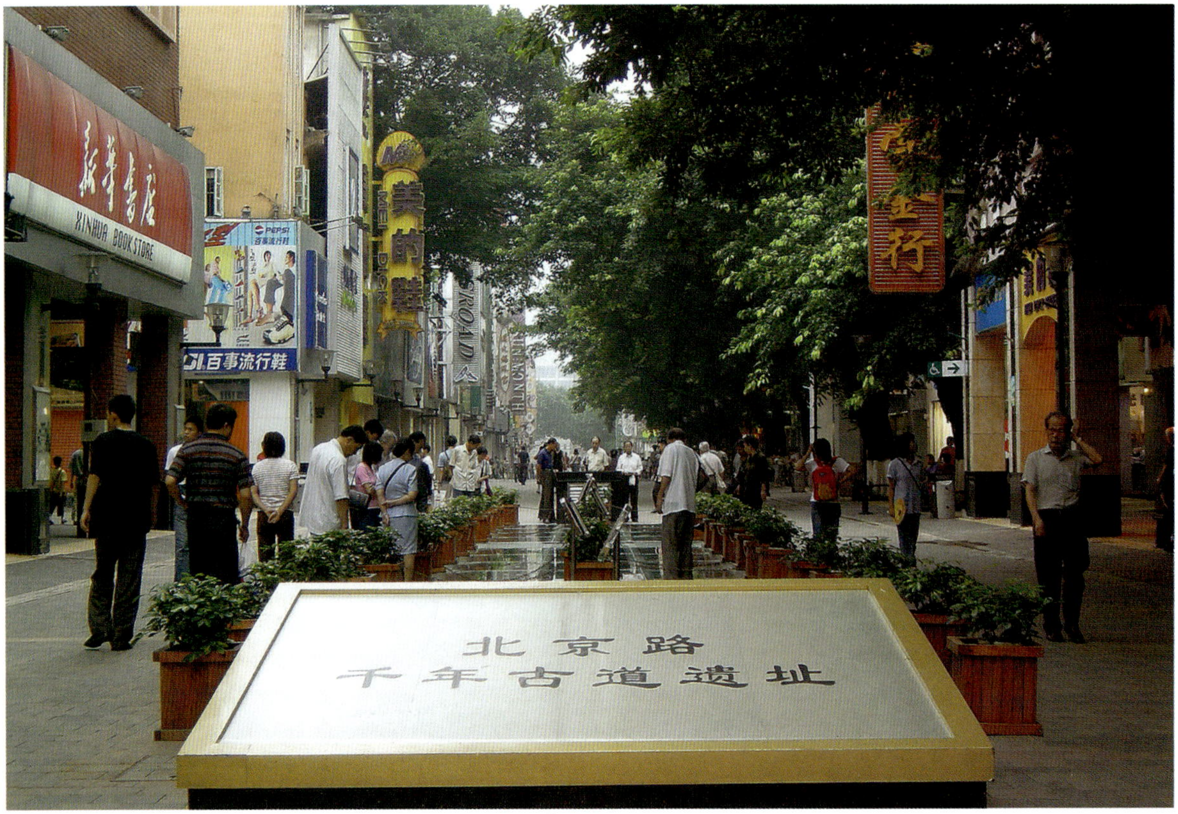
新华书店
XINHUA BOOK STORE
百事流行鞋
北京路
千年古道遗址

利
本

PiZZA mai
比萨麦
PiZZA mai
PiZZA mai
比萨麦
比萨麦
PiZZA mai

有拱顶

有拱顶的步行商业街是采用玻璃拱廊将街道覆盖起来，既可享受室外空间的开阔感和充足的阳光，又带有很多室内空间的特征，噪声小、私密性好、安全、干净。这种步行商业街介于室内空间和室外空间之间，铺装设计必须注意这一点。由于其他界面功能更为重要，地面铺装宜简洁明快，衬托出空间气氛。多采用明度高、纯度低的浅色调，色彩搭配不应过杂，简单明了为好。因为不会受到雨雪天气的影响，可以应用表面质感光滑的材料，以突出商业街的华贵气氛。在路口、转弯等处可以设置地面标志来引导人流。有些大型的带拱顶步行商业街还会将树木、花草和流水引入其中，可以将这部分的地面进行精致的细部设计，为游人划分并营造一个温馨宜人的休息空间。

公交步行商业街的铺装

公交步行商业街是禁止普通车辆通过，只允许公交车通过。由于限制了通行车辆的类型，使商业街的机动车交通量大大降低，仅保留少量的公交线路，既确保了行人对商业街的优先使用权，又便于搭乘。对于这种商业街的铺装，可以采用一种统一的颜色、材料铺设公交专用道，固定线路，使其不妨碍行人。也可以利用高差、边界处理限定划分出行人活动空间。还可以不进行空间划分，而是整个街道采用块石、小方石进行铺装，从而大大降低公交车车速，提高安全性，让行人随心所欲、自由自在地休闲购物，这种铺装在欧洲的一些城市较为常见，配合街道两侧古老的砖石建筑，蕴含着一种传统的文化气息，达到完美的和谐和统一。

半步行商业街的铺装

半步行商业街是以时间阶段管制机动车进入区内，在时间上分为“定时”和“定日”两种。例如，每日晚6点至10点或周末、节假日期间禁止机动车通行，实行步行商业街。这种商业街一般采用一块板的断面形式，两侧留有较宽的人行道。为了确保平日机动交通的正常运行，车行道的路面铺装要满足道路面层的技术要求，为突出商业街的繁华气氛，可采用彩色沥青路面设计，但不宜采用较浓烈的色彩，应衬托和强调两侧的人行道与建筑立面设计。人行道铺装的色彩选择应注意与两侧建筑相协调，可采用一种较为醒目的主色调来强化商业街的连续性和整体性。多采用表面质感粗糙、抗滑性好的砌块材料进行铺装。

地下商业街的铺装

地下商业街最早发源于日本，经过几十年的建设，其以规模之大，城市功能之强和购物环境之优，受到日本国民的欢迎，并享誉世界。近年来，随着我国大规模的旧城改造和新城建设进程的加快，城市空间立体化拓展成为一种必然趋势，大城市地铁建设的快速发展同时带动了地下商业街的蓬勃发展。目前，地下商业街已经成为我国大城市商业空间的一种重要形式，尤其是在寒冷地区和炎热多雨地区，其不受气候条件影响的方便舒适的购物环境对广大消费者具有更强的吸引力。

由于地下商业街缺少与外界地面人工和自然环境的联系，人们对地下商业街的主观评价只取决于其内部环境的优劣，这将最终影响到地下商业街的使用价值和综合效益的高低，因此对地下商业街内部环境设计提出了更高要求。作为设计的一个重要内容，地下商业街的地面铺装设计应该力求创造安全感、舒适感、整体感、宽敞感以及方向感。

地面铺装要平整，铺装材料应具有防滑、耐磨、防潮、防火、易清洁的特点，多采用水磨石或地面砖铺砌。由于在地下商业街中，丰富多彩的店面和花色繁多的商品占有重要位置，因此地面设计应注意保持统一的格调和色调，简洁明快，以强化空间的整体感，创造出轻松舒适的氛围。一般采用明亮淡雅的暖色调，既可以带给人们一种温暖干燥的心理感受，又会使空间显得更大、更宽敞。多采用单色铺装，为避免单调感，可在大面积单色的基础上加一些异色连续性的富有韵律感的图案。例如，重复的方格形图案可以增强空间的整体感与稳定感。又如，斜线的动态和运动感能够引起人们的注意，运用斜向图案有助于强化空间的宽敞感，而运用彩绘地砖则可以提高观赏价值，丰富视觉感受，而且它们都可以给人以方向感，能够对人流起到导向的作用。此外，地下步行商业街常常会在主要出入口的门厅、通道的十字或丁字交叉点或通道的端头等处组织一些供顾客休息的空间，以减轻由于通道过长而产生的枯燥感，同时对改善购物环境有很好的作用。对于这些休息空间的地面铺装要进行精心的设计。例如，可以运用天然材料，如卵石、木砌块、不规则石料等材料与流水、植物等自然要素相配合，营造出一个充满自然气息的温暖舒适的休息空间，会给人们留下深刻印象，吸引人们停留欣赏，甚至该休息空间还会成为整个地下商业街的一个重要标志。

居住区道路的铺装

近年来，随着社会经济的发展，综合国力的提升，人们物质和精神生活需求的提高，对住宅建设提出了越来越高的要求，已从最基本的生理需求、安全需求逐步向高层次的社交需求、休闲需求和美的需求转变。在这种情况下，房地产经营理念也随之发生改变，概念地产（主题地产）开始出现，如景观主题地产、环保主题地产、文化主题地产、休闲主题地产、智能主题地产等，房地产营销也从单纯的卖楼盘转向更多地关注环境和文化，倡导社区新的生活方式。人离不开社区、社区文化环境的形成是必然的。因此，纵观楼市的风云变幻，我们可以发现居住区内的环境景观是永恒的主题。如今，居住区的景观环境愈来愈受房地产发展商和居民的重视，同时现代居住区环境景观与传统相比，出现了强调环境景观的共享性、文化性、艺术性等新趋势。这种良好的环境景观在居住区中发挥着重要作用，现代都市人生活繁忙而琐碎，家园便是最好的精神归宿，一半甚至三分之二的时间都花费在住区中，居住区良好的环境景观可以直接影响到人们的心理、生理以及精神生活，可以有效地规范人的行为、熏陶人的道德、启迪人的灵感，有利于人的素养提高和人与人之间的交往相处以及信息传递等。

而道路是居住区的构成框架，一方面它起到了疏导居住区交通、组织居住区空间的功能，另一方面，好的道路设计本身也构成居住区的一道亮丽风景线。居住区道路不能像城市道路那样四通八达，畅通无阻，而应视为居住空间的一部分，不仅关系到居民日常出行行为，而且与居民的邻里交往、休息散步、游戏消闲、认知定位等密切相关。目前国内对居住区道路进行规划时，基于交通集散的思想，习惯上将其分为四个等级布置：居住区级道路，相当于城市次干道或一般道路，一般均与城市干道或次干道相连；居住小区级道路，是联系居住区内各组成部分的道路；居住生活单元级道路，是居住生活单元内的主要道路；宅前小路，则是通往各单元及各户的门前小路。

居住区道路对居住区的空间环境具有重要的影响，道路的布置应该充分利用区内的自然状况，结合楼宇分布，借形取势。为了充分体现“以人为本”的设计思想，居住区道路一般按使用功能划分为车行和步行两个系统，可以通过不同的路面铺装进行有效的空间界定。为了减少机动车对居住区宁静、安全环境的影响，小区级和居住生活单元级道路等车行道路可以有意识地采用曲折的线路，迫使机动车减速，同时又可以丰富街道景观。机动车道路面一般由混凝土、沥青等耐压材料铺装，而随着人们对居住区景观环境的要求越来越高，沥青类整体性景观铺装材料或经过表面处理的水泥混凝土板块类景观铺装材料将会得到广泛应用。一些车行道也可以采用块石、小方石、混凝土砌块等坚固、耐磨的材料铺装，形成粗糙的道路表面，有效降低车速，提高安全性。

居住区人行道的铺装设计过程就是创造一个以“人”为主体的，一切为“人”服务的空间的过程。路面铺装应与居住区整体风格融合协调，通过它的材质、颜色、肌理、图案变化创造出富有魅力的路面和场地景观。铺装材料以砌块类材料为主。色彩应生动活泼、富于变化。一个小区可以采用同一组色彩进行设计，同时要注意配合小区的整体格调，这样可以建立一种良好的空间秩序，使人们漫步在人行道上，通过地面铺装色彩的变化即可感知到空间的转换。铺装图案应充分利用点、线、面的变化，突出方向感与方位感，限定场地界线，不但有利于来访客人辨识定位，也给居民一个清晰的、属于自己的空间领域，使居民对自己的居住环境产生认同感，对自己的居住社区产生归属感。此外铺装图案还强调具有趣味性，可观赏性，小而宜人的尺度，使人们乐在其中，轻松愉快地漫步、交往、嬉戏、观赏景色，享受生活。

在此要强调的是宅前小路是居住区步行系统的重要组成部分，有必要对道路的平曲线、竖曲线、宽窄和分幅、铺装材质、绿化装饰等进行综合考虑，以赋予道路美的形式。宅前小路通常采用石料板材、碎拼石材、块石、拳石、卵石、木砌块等自然材料铺装而成。其与取材自然的路牙、路边的块石、休闲座椅、植物配置、灯具、小亭、篱笆、流水等巧妙搭配，可以创造出一条条优美宜人的“健康路径”，营造出一种曲径通幽、错落有致的极富创意和个性的景观空间。这种回归自然的景观环境设计，将以自然的材料、传统的韵味、现代的设计手法唤起人们美好的情趣和情感寄托，让人与大自然共栖，尽情体验“天人合一”的美的最高境界。

风景园林区道路的铺装

被称为城市“绿洲”的风景园林区是广大市民追求自然、接近自然、享受自然的最佳去处。它的存在，使人类追求自然的天性能够在高楼林立的城市空间环境中有机会得到满足。它在改善城市生态环境，保护生态平衡中都发挥了不可估量的作用。

而当人们在园区里休憩活动时，视线所及的，除了蓝天、白云、树木外，接触最多的应该就是园区的地面了。因此，我们深信在风景园林区的地面铺装上花大功夫是非常值得的。这些风景园林道路的铺装不仅需要突出园林的主题特色，更重要的是不应破坏风景园林中自然景观的整体风貌，并应以具有自然特色的功能美毫无痕迹地融入原有自然景观或人工自然景观之中。

风景园林区道路以步行为主，园路布局应从园林的使用功能出发，根据地形、地貌、风景点的分布和园务活动的需要综合考虑，统一规划。园路应因地制宜，主次分明，有明确的方向性。一般可将园路分为以下几类：

主路　联系园内各个景区、主要风景点和活动设施的路。通过它对园内外景色进行剪辑，以引导游人欣赏景色。

支路　设在各个景区内的路，它联系各个景点，对主路起辅助作用。考虑到游人的不同需要，在园路布局中，还应为游人由一个景区到另一个景区开辟捷径。

小路　又叫游步道，是深入到山间、水际、林中、花丛供人们漫步游赏的路。

园务路　为便于园务运输、养护管理等需要而建造的路。这种路往往有专门的入口，直通公园的仓库、餐馆、管理处、杂物院等处，并与主环路相通，以便把物资直接运往各景点。

园路的铺装应根据各种生态原则进行设计，应力求与自然高度融合，以保持风景园林区生态系统的良性循环和可持续发展。由于要承受人流荷载和风、雨、寒、暑等气候作用的影响，要求铺装材料应具备坚固、平稳、耐磨，有一定的粗糙度，少尘土，便于清扫的特性。石料板材、块石、拳石、卵石、碎拼石材、木砌块等天然材料以及仿花岗岩水泥混凝土砌块、水泥混凝土仿拳石砌块、使用天然砂砾的脱色沥青混合料、表面研磨的半柔性铺装、采用表面腐蚀工艺的水泥混凝土路面、水刷式表面露出骨料的水泥混凝土路面等具有自然色调和质感的材料都是较好的选择。

此外，园路的构形设计应具有曲折性和多样性的特点。园路应随地形和景物而曲折起伏，若隐若现，“路因景曲，境因曲深”，造成“山重水复疑无路，柳暗花明又一村”的情趣，以丰富景观，延长游览路线，增加层次景深，活跃空间气氛。园林中路的形式应该是多种多样的。在人流集聚的地方或在庭院内，路可以转化为场地；在林间或草坪中，路可以转化为步石或休息岛；遇到建筑，路可以转化为“廊”；遇山地，路可以转化为盘山道、磴道、石级、岩洞；遇水，路可以转化为桥、堤、汀步等。总之，良好的园路铺装设计应该以它丰富的体态和情趣来装点园林，使园林又因路而引人入胜，形成宜人的自然环境和景观，将人与自然融为一体，实现人们在城市园林中，亲和自然、享受自然的主要活动目的。

茶 室

岸线道路的铺装

水体是城市发展的重要因素，古今中外许多著名城市都地处江河湖海之滨。这些城市的生活岸线不仅仅是城市的天然边界，也能够以其自然景观的优势，为城市人文景观的形成提供良好的环境背景，成为以轴线景观（如风景道路）为主体的自然公园，是最受市民欢迎的独具魅力和吸引力的城市公共开放空间。地面铺装是构成岸线景观的基本元素之一，巧妙的铺装景观设计可以使空间更具魅力和吸引力。

绵延弯曲的岸线道路与碧海、蓝天形成一幅和谐而静谧的画卷，给人以开敞辽阔、心旷神怡的感觉

通过铺装色彩富有韵律的变化，使人们仿佛听到波涛冲击海岸的声音，感觉好像漫步在扑岸的浪花之中，一种浪漫的情怀伴随着海风在空气中流动

IMPORT
EXPORT

人行道的铺装

人行道是城市道路网中仅次于行车道的重要组成部分，是专门用于集散人流、供步行者通行并限制机动车交通混入的街道。人行道通常设置于车行道两侧，其宽度和铺装水平对于保证车行道交通流畅与步行者行走安全极为重要。

人行道是步行者的通道，与人群关系密切，因此对美观与功能上都有更高的要求。总的来说，对人行道铺装的基本要求是希望能够提供有一定强度、耐磨、防滑、舒适、美观的路面。在潮湿的天气能防滑，便于排水，在有坡之处即使在恶劣气候条件下也安全，同时造价低廉，有方向感与方位感，有明确的边界，有合适的色彩、尺度与质感。色彩要考虑当地气候与周围环境，尺度应与人行道的宽度、所在地区位置有正确的关系。而质感也要注意场地的大小，大面积的可粗糙些，小面积的不可太粗糙。

除此之外，人行道设置于车行道两侧时，不同等级的道路还会对其功能和景观设计提出不同的要求。在快速路与主干路等交通性道路上，必须保证机动车辆快速、舒适、安全的行驶，对行人可能给交通流造成的干扰、阻滞应该严格加以限制。除采用立体交叉外，还可以采用隔离栅、断差、专用人行通道或过街天桥来隔离疏导人流。对于景观设计则要求有较强的整体感。而在次干道和支路等生活性道路上，设计车速低、通行交通量少，其两侧的人行道最适于步行。车行道和人行道之间可不必设置硬质隔断。必要时，对这类人行道可以采用适当措施使其成为更加安全舒适的步行区域。此外，这类人行道对景观的要求较高，不但要注意整体性，对细部也要进行精心的设计。

交通性道路人行道的铺装

交通性道路是以满足交通运输为主要功能的道路，承担城市主要的交通流量及对外交通的联系。其特点为车速高，车辆多，车行道宽，道路线型要符合快速行驶的要求，道路两旁要求避免布置吸引大量人流的公共建筑。

这类街道上行人数量较少，街道景观的观赏者主要在行进的车辆中，所以人行道铺装的构形一般较简洁，色彩不宜太复杂，以此适应快速行进的观赏者。一般采用砌块类材料铺装，留有较大的拼缝间距，以产生较大的尺度感。可以采用大尺度的重复构图，让铺装具有节奏感，使人产生快走的感觉。

交通性道路的车辆设计速度较快，为了加强行人的安全感，要对人行道边缘进行处理，可改变边缘铺装的色彩、材质，可设置具有文化内涵的隔离墩、路缘石，既实现了各功能区的划分，又增加了景观环境的可观赏性与可读性，符合人们的审美要求。

在我国，交通性道路多数为机动车、自行车和行人共用。如果各种交通流的通道分隔不合理就会影响交通的安全性，由于自行车与行人冲突的危险性远远低于机动车与自行车冲突的危险性，借鉴国外经验，应将自行车道与机动车道严格分离开来，可以将自行车道与人行道置于同一标高，只用色彩区分，既可确保城市道路交通的顺畅，又可提高道路交通的安全性。

BERI
LALUAN

TISSOT

Do Co Mo

生活性道路人行道的铺装

生活性道路是以满足城市生活性交通要求为主要功能的道路，主要为城市居民购物、社交、游憩等活动服务，以步行和自行车交通为主，机动交通较少，道路两旁多布置为生活服务的、人流较多的公共建筑及居住建筑，要求有较好的公共交通服务条件。

由于此类道路是居民日常生活的主要场所，是人流最集中的地区，也是人们停留时间最长的街道空间，因此应该选择具备非常好的防滑性、透水性和弹性的铺装材料，来为人们提供一种方便行走、脚下不滑、不易摔绊、不易疲劳的舒适路面。

生活性道路车行速度较慢，自行车与步行交通量较大，行人是街道景观的主要观赏者，因此步行者视觉上的适意性是铺装设计的一个重要要求，赏心悦目的铺装景观可以使行走变得轻松愉快。一般要求铺装尺度采用人体尺度或小尺度，给人以亲切感、舒适感，对于较宽的人行道，可通过图案的间隔、线条的划分降低尺度感，吸引更多的人驻足。色彩设计应该丰富多彩，同时要注意与周围建筑环境相协调。构形多采用重复形式，给步行赋予一种节奏感。可以通过加强铺装图案的细部设计，使铺装更具可观赏性和可读性，增加景观的文化内涵，以满足人们在行进过程中，对街道景观的品评、联想、回味。可以将路标信息足够多地反映到铺装面上，让路面高度信息化，使行人很容易明白公共设施所在的情况。营造人性化的步行空间是进行铺装景观设计的最终目标，为了充分体现对人的尊重，使步行空间更具吸引力，在设计中应注意满足各类人群的要求。既要满足必要性步行活动的要求，又尽可能诱发自发性和社会性步行活动的发生，使城市街道生活变得生机勃勃，真正体现以人为本的设计原则。

为了使街道更富个性，视觉上更容易判断，在人行道铺装上还可以采用按街道或街区逐渐改变铺装的色彩、质感、构形等，也可以在东西向街道和南北向街道上使用不同的铺装材料或铺装色彩，使人们很容易把握城市的方向，这对外来旅游、公出的人们来说是非常方便的。

为了增强行人的安全感，生活性道路的人行道亦应有明确的边界，对人行空间与车行空间进行有效的界定，以强化空间的秩序性，一般采用断差的方式进行界定。当道路空间较狭窄时，为了增强空间的开敞性，也可将车行道与人行道设置在同一高度上，通过改变铺装材料、色彩，配合限定高度的隔离墩、界桩、栏杆、绿化花台等进行有效的空间界定。

此外，在小巷、住宅或停车库等出入口处，可以适当降低人行道路面标高，这种做法既便于车辆进出，又保证人行道的连续性，向驾驶人员暗示行人优先的原则；而当人行道与车行道标高相差不大时，可以在出入口两旁设置隔离墩，以提醒行人注意车辆出入，避免交通事故发生。

WESLEY
HOUSE

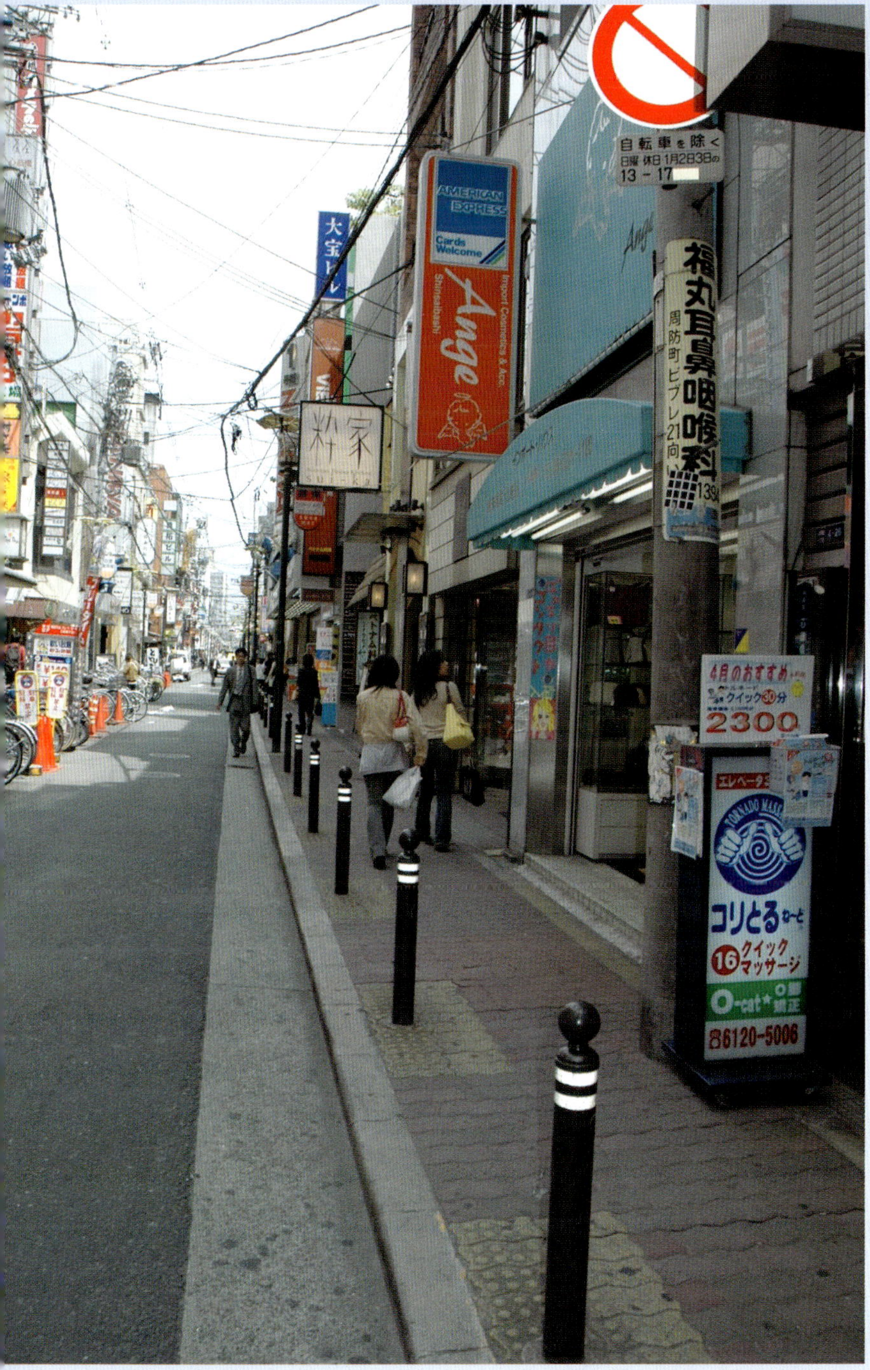
自転車を除く
13 - 17
AMERICAN EXPRESS
Cards Welcome
Ange
粋家
福丸耳鼻咽喉科
周防町ビブレ21向
4月のおすすめ
2300
クイックマッサージ
6120-5006

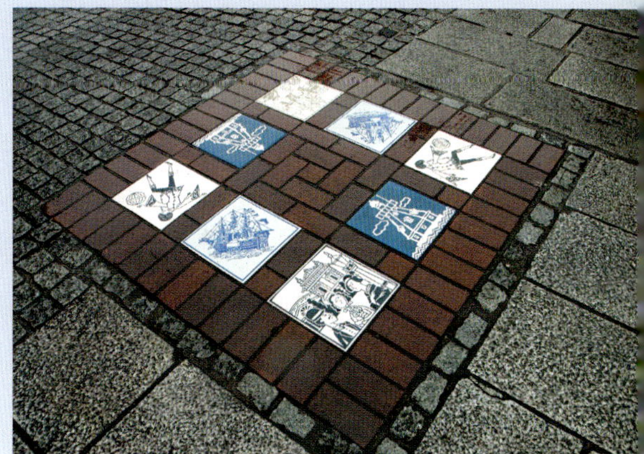

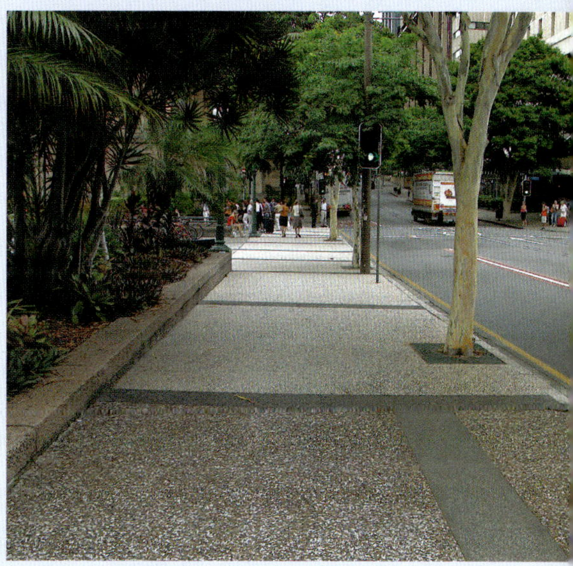

MARAN

车行道的铺装

城市道路相对公路而言交通频繁，交通量大，持续性使用道路时间长，有一定的市容、景观要求，因而要求道路完好率高，维修周期长，有足够的强度，承受行车荷载引起的垂直变形和水平变态、磨损和疲劳；有足够的稳定性，保证路面在各种气候、水文条件下保持稳定的强度；平整度好，以减少行车阻力和颠簸，提高车速；粗糙，保持轮胎与路面间有足够的摩擦阻力，以充分发挥车辆的有效牵引力，保证行车安全；清洁，避免采用松散材料铺筑而产生扬尘和噪声。

目前，城市道路一般采用沥青类路面或水泥混凝土路面。

沥青类路面是沥青材料做结合料粘结矿料或混合料修筑面层与各类基层和垫层组成的路面结构。沥青面层使用沥青结合料，因而增强了矿料间的粘结力，提高了混合料的强度和稳定性，使路面的使用质量和耐久性都得到提高。与水泥混凝土路面相比，沥青类路面具有表面平整、无接缝、行车舒适、耐磨、振动小、噪声低、施工期短、养护维修简便、适宜于分期修建等优点，因而获得广泛应用。

水泥混凝土路面，包括素混凝土、钢筋混凝土、连续配筋混凝土、预应力混凝土、装配式混凝土、钢纤维混凝土和混凝土小块铺砌等面层和基(垫)层所组成的路面。而采用最广泛的是就地浇筑的素混凝土路面，简称混凝土路面。所谓素混凝土路面，是指除接缝区和局部范围(边缘和角隅)外部配置钢筋的混凝土路面。与其他类型路面相比，混凝土路面具有的优点是：强度高，具有较高的抗压强度和抗磨耗能力；稳定性好，水稳定性、热稳定性均较好，特别是它的强度能随着时间的延长而逐渐提高，不存在沥青路面的那种“老化”现象；耐久性好，一般能使用20～40年，而且它能通行包括履带式车辆等在内的各种运输工具；与沥青路面相比，养护费用少，经济效益高；路面色泽鲜明，能见度好，有利于夜间行车。而同时混凝土路面也存在对水泥和水的需要量大、有接缝、开放交通较迟、修复困难等缺点。

随着我国城市道路建设的快速发展，经济水平的不断提高，采用彩色沥青等景观材料进行城市道路车行道面层铺装会具有很好的发展前景。既可满足人们对道路景观越来越高的要求，又可以充分发挥景观铺装的交通功能，提高道路交通的安全性。

例如，在主要干道线路上以彩色沥青铺装区分出公共交通车线路和一般车辆行驶线，形成公共交通专用车道，这种方法将成为促进公共交通发展的重要手段。使用彩色骨料的热碾式沥青混合料铺装车行道，在车辆行驶的动态视觉条件下可以得到明晰的色彩感受，尤其是墨绿色骨料的彩色路面不仅增加稳定感，使驾驶人员心理沉着稳定，而且在炎热的夏季显得格外凉爽，对于驾驶人员和步行者，都会产生舒适愉悦的感觉。而使用采用玻璃珠作为填充材料的沥青路面或亮色铺装的沥青路面，可以提供良好的光反射效果，增加夜间行车安全性。此外，将彩色路面或亮色路面铺设在交叉口道路分流点、桥面、加油站、收费站、行人过街斑马线、儿童上学道路、医院出口道路、十字路口、急弯陡坡等处，用来形成与普通沥青路面的对比路段，提示警告特殊的交通条件，使驾驶人员减速慢行，可以有效地避免交通事故发生。

由于以上景观铺装路面使用的材料、级配、结构和工艺都与普通沥青路面大致相同，而且其技术性能都能够满足各种荷载与气候条件的要求，因此在今后的城市道路车行道路面铺装中必将得到广泛应用。

SAMSUNG

DENTIST
DENTIST
LOCAL
TRAFFIC
ONLY

McDonald's
Sizzler

AKE LODGE
OTEL

Gold Museum
This way